サクっと書けちゃう！
文章レシピ60

日本語学者・国語辞典編纂者
飯間浩明
フリーランスライター
山田由佳

新星出版社

はじめに

　文章を書くということは、めんどうな作業です。

　相手と直接会話しているときは、「伝わってなさそうだな」と思えば補足ができるし、言いにくいことは、もごもご言ってごまかすこともできます。言い方が少しぐらい整っていなくても、相手はある程度「こうだろう」と推測してくれます。でも、書きことばでは、そういうわけにはいきません。

　文章を書くとき、一番困るのは、相手の反応が見えないことです。こちらの言っていることが、伝わっているのか伝わっていないのか、まったく読めません。こちらの言いたいことを、文字だけによって相手に届けなければならない。そのためには、いろいろな点に気を使う必要があります。

　「何を伝えたくて書いているのか？　目的に沿った文章になっているか？」

　といった根本的なことから、

　「漢字を使い過ぎていないか？　敬語はこれでいいか？」

　といった細かい部分に至るまで、考えなければいけないことがいっぱいあります。正直言って、かなりめんどくさい。

　ただ、ものごとには手順があります。料理をする場合、「これをこうして、こうすればいい」というレシピに従えば、最小の労力でおいしいものが作れます。文章を書く場合も同じです。「これをこうして、こう書けばいい」というレシピがあります。

一般に、レシピと言えば、ひとつひとつの料理の作り方を指します。文章を書くときも、一回一回の個別具体的な文章のためにレシピを用意しておくことも考えられます。

　ただ、どんな文章を書くときにも、共通する手順やコツというものがあります。料理で言えば、だしの取り方、魚のおろし方、といったようなものです。そうした手順やコツを「いろいろな場合に応用できる汎用レシピ」にまとめておくと便利です。本書に収録したのは、文章を書くための汎用レシピです。

　本書は、2015年刊の『重要度順「伝わる文章」を書く技術』を新装版としてお送りするものです。旧版にも記したとおり、全体の章立てと元になる文章を山田由佳さんが担当し、全体的な加筆修正を私（飯間）が行いました。事実上の共著ですが、旧版の表紙には私の名前だけが監修として示されました。今回は、実態に即し、山田さんと私の名前を並べて記すことにしました。

　書くのがめんどうな文章を、料理を手早く作るように、サクっと書いてしまう。本書がそれをお手伝いできれば、これほどうれしいことはありません。あなたの毎日のお役に立ちますように。

2018年8月15日

飯間　浩明

本 書 の 使 い 方

　本書は、サクっと文章を書くコツを、「伝えるレシピ」として重要度順に60個紹介しています。ケースに応じて、次のような順番で読むと、より効率的に技術をマスターできます。

ケース 1
とにかく「伝わる文章」を書けるようになりたい！ という方

Part1 → Part2 → Part3 → Part4 の順番でお読みください。

- -

ケース 2
書かなければならない文章があるが、 まだ1行も書けていない！ という方

Part1 → Part4 → Part2 → Part3の順番でお読みください。

- -

ケース 3
書かなければいけない文章があり、 一応書き上げたが内容が不安！ という方

Part1 → Part2 → Part3 → Part4の順番でお読みください。

- -

ケース 4
句読点の打ち方がわからない、敬語が不安など、 特定の問題で疑問がある方

問題と関連するページをお読みください。時間に余裕があれば、Part1とPart4もぜひお読みください。文章全体のチェックに役立ちます。

「伝わらない文」の例と、それを「伝わる文」に修正した例を掲載しています。伝わらない原因となっている箇所、修正した箇所は、原則としてマーカーがついています。

太字はとくに重要な部分です。

本書は、2015年3月に小社から出版した『重要度順「伝わる文章」を書く技術』（飯間浩明監修）の新装版です。判型を変え内容を一部修正し、改題しました。

『サクっと書けちゃう！ 文章レシピ60』もくじ

はじめに　　　2
本書の使い方　　4
もくじ　　　　6

Part 1 ▶▶▶ 「伝わる文章」を書くための準備

書き出す前の準備

[伝えるレシピ1] 何のために文章を書くのか、を考える　　　12
[伝えるレシピ2] 文章の目的に沿った内容にする　　　14
[伝えるレシピ3] だれに伝える文章か、を考える　　　16
[伝えるレシピ4] 「その文章の肝はどこか」を考える　　　18
[伝えるレシピ5] 「伝わらなければ意味がない」と心得る　　　22

Part 2 ▶▶▶ 「肝の1文」を正確に書く！

1文は短くする

[伝えるレシピ6] 1文は、できるだけ短くする　　　26
[伝えるレシピ7] 1文で伝えることは1つにする　　　28
[伝えるレシピ8] 「が」で言葉をつながない　　　30

主語と述語の関係を明確にする

[伝えるレシピ9] 　主語が2つ以上入っている文は要注意！　　　34
[伝えるレシピ10] この文の主語は何か、を常に考える　　　36
[伝えるレシピ11] 主語と述語をきちんとつなぐ　　　40
[伝えるレシピ12] 主語を途中で変えずに書いてみる　　　42

[伝えるレシピ13] 主語と述語を近づける　　　　　　　　46
[伝えるレシピ14] 書かなくてもよい主語は書かない　　　50

修飾語に注意を払う
[伝えるレシピ15] 修飾語の位置に気をつける　　　　　　52
[伝えるレシピ16] 修飾語が副詞の場合は特に注意　　　　54
[伝えるレシピ17] 必須の修飾語は、特に気を配る　　　　58

句読点の働きを意識する
[伝えるレシピ18] 「打つべき読点」はしっかり打つ　　　62
[伝えるレシピ19] 息継ぎのタイミングで読点を打たない　66
[伝えるレシピ20] 「、、、」は使わない　　　　　　　　68
[伝えるレシピ21] 句点は、文中には打たない　　　　　　70

わかりやすい文にする
[伝えるレシピ22] 受け身の表現は、できるだけ避ける　　74
[伝えるレシピ23] 肯定文に書き直せないか、をチェックする　78

Part 3 ▶▶▶ 正確に伝わる言葉を選ぶ

「てにをは」に気をつける
[伝えるレシピ24] 「てにをは」をチェックする　　　　　84
[伝えるレシピ25] 「を」「に」がつく言葉をしっかり入れる　88
[伝えるレシピ26] 「を」「に」を正しく使う　　　　　　　90
[伝えるレシピ27] 「が」と「を」、「が」と「に」の取り違えに
　　　　　　　　　気をつける　　　　　　　　　　　　92
[伝えるレシピ28] 「の」「が」の連続使用に気をつける　　94

正確に伝わる言葉を選ぶ
[伝えるレシピ29] 適切な「つなぐ言葉」を使う　　　　　98
[伝えるレシピ30] 余計な接続語は入れない　　　　　　　102

7

指し示す言葉に気を配る

[伝えるレシピ31] 「こそあど」が何を指すかを明確に　　　106

正確な言葉を使う

[伝えるレシピ32] 「ら抜き言葉」は、避けるのが無難　　　108

言葉選びに気を配る

[伝えるレシピ33] 話し言葉を混ぜない　　　110

[伝えるレシピ34] 主観的な形容詞には注意　　　112

[伝えるレシピ35] 「思います」は避ける　　　116

[伝えるレシピ36] 「のだ文」は控える　　　120

よりわかりやすい言葉を選ぶ

[伝えるレシピ37] 和語と漢語を適材適所に使い分ける　　　124

余計な言葉は削る

[伝えるレシピ38] 文についている贅肉を削る　　　126

[伝えるレシピ39] 「重言」を避ける　　　130

[伝えるレシピ40] 繰り返しを避ける　　　132

よりわかりやすい文にする

[伝えるレシピ41] 専門用語の使用はできるだけ避ける　　　136

[伝えるレシピ42] 同じ文末が何度も続かないようにする　　　140

[伝えるレシピ43] 「こと」を使いすぎない　　　142

言葉と言葉のつながりに気を配る

[伝えるレシピ44] 列記するときは、言葉の性質を揃える　　　146

言葉の見た目に気を配る

[伝えるレシピ45] 漢字を多く使いすぎない　　　150

見た目にも気を配る

[伝えるレシピ46] 「！」「？」を安易に使わない　152

その場にふさわしい敬語を使う

[伝えるレシピ47] 敬語の基本を知る　154

敬語を正しく使う

[伝えるレシピ48] 尊敬語の基本ルールを知る　156
[伝えるレシピ49] 謙譲語の基本ルールを知る　158
[伝えるレシピ50] 尊敬語・謙譲語を使う相手を間違えない　162
[伝えるレシピ51] 二重敬語に注意する　164

Part 4　▶▶▶ 文章全体をチェックする！

文章全体をすっきりさせる！

[伝えるレシピ52] 回りくどい表現は避ける　168
[伝えるレシピ53] 事実をすべて再現する必要はない　170
[伝えるレシピ54] 余計な前置きは入れない　172

伝わる文章を書く

[伝えるレシピ55] まずは「絶対伝えるべき１文」を考える　174
[伝えるレシピ56] 文章には型があることを知る　178
[伝えるレシピ57] 箇条書きにする　180
[伝えるレシピ58] 「ポイントは３つ」のスタイルを活用する　184
[伝えるレシピ59] 具体的に書く　186
[伝えるレシピ60] 文章の見た目に気を配る　190

本文・図版デザイン●つむらともこ
本文イラスト●たむらかずみ
「飯間先生のちょこっと講義」イラスト●飯間浩明

Part 1

「伝わる文章」を書くための準備

社内・社外メールをはじめ、報告書、企画書などの実用文を作成しなければならないとき、いきなり文章を書こうとしていませんか。

伝わる実用文をつくるためには、文章を書き出す前にやるべき準備があります。この準備をしっかり行うことが、伝わる実用文をつくるための近道です。

重要度順！伝えるレシピ

1 書き出す前の準備

▼

何のために文章を書くのか、を考える

本書で扱う文章は、すべて実用文です。実用文とは、ビジネスの場などで実際に使い、読み手に対し、情報を知らせたり、働きかけたりする文章です。

「伝わる実用文」を書くにあたって、まずは、これから自分は何のために文章を書くのか、その目的をはっきりさせましょう。

打ち合わせは、午前11時から
A会議室で行います。
どうぞよろしくお願いします。
　　　　営業部 鈴木

　会社のあなたのデスクに、こんなメモ書きが貼られていました。ここに書かれている文章も実用文です（社内・社外メールをはじめ、報告書、企画書など、仕事で書く文章はすべて実用文に含まれます）。

　この文章によって、「打ち合わせは、A会議室で午前11時から始まるのだ」とわかります。あなたは11時になったらA会議室に行くでしょう。実際にその場所へ行き、打ち合わせが始まったとしたら、鈴木さんが書いたこのメモ書きの文は、立派な働きをしたことになります。

実用文を書く目的は、大きく2つあります。

　第一の目的は、読み手に情報を知らせること。メモ書きの場合なら、会議の時間や場所を伝えることです。

　第二の目的は、読み手に、書き手が望む行動をしてもらうために働きかけることです。メモ書きでは「どうぞよろしくお願いします」と働きかけることで、読み手の行動をうながしています。伝わる実用文とは、この2つの目的がうまく達せられる文章です。

　業務報告書なら、上司などの読み手に業務内容をうまく把握してもらわなければなりません。企画書なら、読み手に「ぜひこの企画をやってみよう！」と思わせなければなりません。あるいは、依頼書なら、読み手に「わかりました。引き受けます」と承諾してもらう必要があります。

　文章を読んだ相手が、書き手が望む行動を起こしてくれれば、その文章は実用文としての目的を達したことになります。

　実用文を書くときには、まずは**「読み手に何の情報を伝えるか」**を明確にしましょう。**その上で、「この文章によって読み手にどんな行動を起こしてもらいたいか」**を考えます。これがすべての基本です。

重要度順！ 伝えるレシピ

2 書き出す前の準備

▼

文章の目的に沿った内容にする

実用文を書くときにまず考えるべきなのは、「読み手に何の情報を伝えるのか」「読み手にどんな行動をしてほしいのか」でした。この2点があいまいなために、目的が十分に達せられない実用文が少なくありません。

打ち合わせ AM11:00〜
A会議室

営業部 鈴木

　今度はあなたのデスクに、こんなメモが貼られていました。この鈴木さんは、最近入社してきた別フロアで働く社員です。

　このメモを見てどんなふうに感じるでしょうか。

「いったい、だれに対するメモだろう？」と不審に思うかもしれません。「私に知らせている」と推測はできても、気分よく会議室に行くことはできないかもしれません。

　このメモは、読み手に「会議室に来てください」と働きかける部分が欠けています。結果として、十分に役目を果たさない実用文になってしまっています。

14

鈴木さんがこのメモを書くときに、「読み手にどうしてほしいのか？」を考えていれば、こんな書き方にはならなかったでしょう。

　文章は書く目的によって、その内容も変わってきます。
　たとえば、お客様に向けて車のセールス文書を書くとすれば、その最終的な目的は、お客様に車を買ってもらうことです。読み手にその行動をとってもらうためには、車の長所やセールスポイントを中心に書くことになるでしょう。
　一方、会社の技術部から「お客様からの率直なご意見をまとめてほしい」と頼まれた場合はどうでしょう。オーディオ部分の操作性が悪い、シートの移動がしづらいなど、マイナス意見も躊躇なく書くはずです。
　これが反対になり、お客様に向けた文章で十分に長所を説明していなかったり、社内文書でいいことばかりを書いたりしていては、文章の目的は果たせなくなります。
　同じ車のことについて書くとしても、目的によってその内容は大きく変わらなければなりません。

重要度順！ 伝えるレシピ

3 書き出す前の準備

▼

だれに伝える文章か、を考える

実用文は、読み手に働きかけ、何らかの行動をうながします。読み手に行動をとってもらうためには、その文が「伝わる文章」になっていなければなりません。書き手の伝えたいことが読み手にきちんと伝わってこそ、読み手は行動を起こしてくれます。

「伝わる文章」にするために必要な、基本的な心構えは何でしょうか。

それは第一に、読み手を意識するということです。

「この文章の読み手はだれなのか」を具体的に頭に浮かべ、その読み手が理解できるような文章づくりを心がけます。

同じことを説明するのでも、大人に向けて説明するのと、子どもに向けて説明するのでは、説明の仕方が変わってきます。

たとえば、工事現場で、子どもに向けて次のような看板を立てたとしましょう。

このように書いても、ほとんどの子どもはピンとこないでしょう。文章そのものは正確であっても、子どもには伝わらない文です。何も伝わらなければ、その文に意味はありません。
　子どもに伝えようとするなら、

これくらい噛み砕いて書かなければ、多くの子どもは危険を理解できません。
　このように、**「伝わる文」を書くためには、読み手を意識することが基本となります。読み手が理解できるような内容、書き方をめざしましょう。**

重要度順！ 伝えるレシピ

4 書き出す前の準備

▼

「その文章の肝は どこか」を考える

いざ文章を書こうとすると、何から書けばよいのかわからず、手が止まってしまうことがあります。逆に、「あれもこれも」書きたくなることもあります。そうならないためには、まずは「最低、読み手にはこのことを伝えたい」という「肝」の部分を明確にすべきです。

実用文を書くときには、

「読み手に最低限伝えるべきところ（肝）はどこか」

を考えます。

代金の支払いが遅れている顧客に督促状を送るとしましょう。このとき、読み手の顧客にとってもらいたい行動とは、代金を支払うことです。

ではそのためには何を伝えるべきでしょうか。この場合ならストレートに「代金を至急お支払いください」でしょう。この部分が文章の「肝」です。

企画書の場合はどうでしょうか。

読み手にとってもらいたい行動は、企画にゴーサインを出すこと。この目的を達成するためには、読み手が「ゴーサインを出してもいい」と判断できる情報を盛り込まなければなりません。その企画がメリットを持つことを、整理して簡潔に伝える必要があります。

　どんなに長い実用文でも、突き詰めていけば、伝えるべきことは結局1文に集約できます。その1文とは、たとえば「このたびはご迷惑をおかけしてまことに申し訳ありません」「納期を延ばしてください」「〜の依頼をどうか引き受けてください」など。その1文を読み手によりよく理解してもらうために、言葉を足していくのです。

　ところで、**実用文では「伝えるべきこと」と「伝えたいこと」は必ずしも一致しません。**

エッセイや小説なら、「自分が伝えたいこと」を思うままに書くことができます。読者も、それを読むことを望んでいます。一方、実用文では「伝えるべきこと」を中心に書かなければ、失敗する可能性が大です。

ある商品についてセールス文書を書くとしましょう。あなたはその商品の企画段階から関わっていて、商品に熱い思い入れがあります。

こんな場合、たとえば次のように、商品化までにどんなに苦労したかを書きたくなるかもしれません。

商品化まで3年の歳月を費やした自信作！
作り手の愛情がこもっています！

しかし、この情報では、お客さんは「買おう」という気にはならないでしょう。お客さんに「伝えるべき」情報は、むしろ、商品の特長や値段などです。

「伝えたいこと」と「伝えるべきこと」は紛らわしいですが、まったく別ものです。**実用文は、「読み手に伝えるべきこと」が明確になっていて、その内容が的を射たものでなければ、うまく機能しません。**

■「肝の1文」はどこ？

○○年○月○日

株式会社○○○○
○○○部
○○○○様

株式会社○○○○
○○○部
○○○○

代金お支払いのお願い

拝啓　貴社ますますご盛栄のこととお喜び申し上げます。

　さて、○月○日付けにてご請求いたしました品代、

金○○万円

は、○月○日現在入金が確認されておりません。何かの手違いによるご送金漏れということもありますので、至急ご確認のうえご送金いただきますようお願い申し上げます。

　なお、本状と入れ違いにご送金くださった場合は、何とぞご寛容ください。

　まずは、取り急ぎお願いまで。　　　　　　　　敬具

ここが「肝」

重要度順！ 伝えるレシピ

5 書き出す前の準備

▼

「伝わらなければ 意味がない」と心得る

文章は、自分のわかっていることを、読み手に伝わるように書かなければ、意味がありません。伝わらなければ、読み手は何の行動も起こさないからです。

「何を言いたいのかわからない」「結局どうしろと言うのか」と感じる文章にときどき出合います。

このような場合、書き手は伝える努力を怠っています。文章がどういうふうに読まれ、どんな反応を引き起こすのかを考えずに書いているのです。

書き手はえてして、読み手も自分と同じ知識、考えをもっていると錯覚しがちです。「まあ、こう書いておけば読み手はわかってくれるだろう」「この意見には読み手は当然賛成してくれるだろう」と思い込んで書くことがめずらしくありません。

その結果、独りよがりの文章になり、必要な情報は伝わらず、読み手からよい反応を得ることにも失敗します。

文章を書くときにはまず、「読み手と自分は違う」ということを強く意識しておきましょう。年齢、今いる環境、知識など、あらゆる点が異なります。その相手に伝わるようにしなければなりません。

次章からは、具体的な文章の書き方について説明していきますが、**どんなにわかりやすい文章を書いても、「読み手にどう伝わるか」「どんな反応を引き起こすか」についての考慮がない文章は、「伝わる文章」にはなりません。**内容をうまく伝え、読み手に望ましい行動をうながす文章にしたいものです。

　実用文を書くときには、最初に、次の4つを確認しておきましょう。

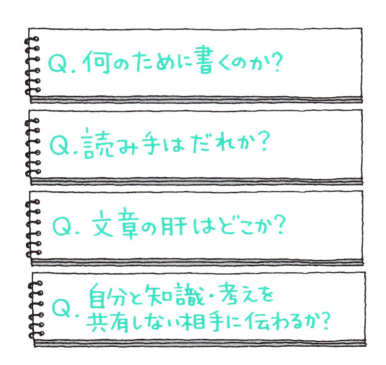

Q. 何のために書くのか？

Q. 読み手はだれか？

Q. 文章の肝はどこか？

Q. 自分と知識・考えを共有しない相手に伝わるか？

Part 2

「肝の1文」を
正確に書く!

実用文はどんなに長い文章も、突き詰めていけば、伝えるべきことは結局1文に集約できます。この1文を正確に書くことが、「伝わる文章」をつくるためには欠かせません。
では、1文を正確に書くためには何に気をつけるべきか、ここで押さえておきましょう。

重要度順！ 伝えるレシピ

6 1文は短くする

▼

1文は、できるだけ短くする

1つの文は、できるだけ短くする。これが「伝わる文章」を書くための最初のポイントです。わかりにくい文章、一読して内容がスッと頭に入ってこない文章を観察してみると、多くは、1文が無駄に長くなっています。

次の例文は、長い1文でできています。

伝わらない!

ジェネリック医薬品（後発医薬品）は、先発医薬品と有効性・安全性が同等であるものとして製造販売が承認され、一般的に、研究や審査にかかる開発コストが安く抑えられることから、先発医薬品に比べて価格が安くなっています。

↑ 1文が長い

↓

伝わる!

ジェネリック医薬品（後発医薬品）は、先発医薬品と有効性・安全性が同等であるものとして製造販売が承認されています。一般的に、研究や審査にかかる開発コストが安く抑えられることから、先発医薬品に比べて価格が安くなっています。

文を分ける

もともと少し硬い文章ですが、文を2つに分けたことで、少し読みやすくなりました。1文が長いと、読み手は意味を追うのに疲れてしまいます。また、**文は長ければ長いほど、ねじれて整わなくなる危険が高まってしまいます。**

　次の例文は、ある企業のホームページに書かれていた文です。

伝わらない!

　お客様がお買い上げになった商品（商品番号○○）の点検・修理につきましては、弊社よりダイレクトメールなどでご案内いたしますので、できるだけ早めに弊社にご連絡をいただき、修理をお申しつけくださいますようお願い申し上げます。

↓

伝わる!

　お客様がお買い上げになった商品（商品番号○○）の点検・修理につきましては、弊社よりダイレクトメール等でご案内いたします。ご案内の届いたお客様は、できるだけ早めに弊社に修理をお申しつけくださいますようお願い申し上げます。

文を分ける

　元の文章では、前半は会社側の人がやること、後半はお客様にしていただくことが書かれています。これが1文で表現されているので、わかりにくくなっていました。

　読み手が一度に受け取れる情報には限界があります。**1文の長さは、50字以内を目安にするとよいでしょう。**

重要度順！伝えるレシピ

7　1文は短くする

1文で伝えることは 1つにする

1文を長くしないためにまず考えるべきことは、1文のなかにあれもこれも入れ込もうとしないことです。1つの文で伝えることは、1つに絞る。これを守れば、1文は自然に短くなります。

「1文で伝えることは1つ」を心がけます。

　1つの事柄や1人の人物について説明する文では、ついつい、あれもこれもと詰め込みがちになるので、注意しましょう。
　次の例文は、ある企業が自社の商品について説明した文章です。

伝わらない！

　自社の高圧洗浄機は、20年以上お客様から愛され続けている商品であり、噴出する水の力を10段階に調整でき、噴出口を回転させれば広範囲の洗浄が効率よく行え、しかも、使う水の量は通常のホースを使った場合に比べて3分の1ですむので、節水効果も期待できます。

伝わる！

　自社の高圧洗浄機は、20年以上お客様から愛され続けて

いる商品です。噴出する水の力は10段階に調整できます。噴出口を回転させれば広範囲の洗浄が効率よく行えます。しかも、使う水の量は通常のホースを使った場合に比べて3分の1ですむので、節水効果も期待できます。

1文で伝えることは1つにする

元の文には、これでもか、と多くの情報が詰め込まれています。

それを「1文で伝えることは1つ」を心がけて、文を短くしました。

このように1文を短くすると、読み手は負担が少なくなって読みやすくなります。

短い文を嫌う人の中には、「短い文では幼稚な感じがするのではないか」と心配する人もいます。でも、**短文が幼稚というのは理由のないことで、むしろ簡潔で水準の高い文になります。**

また、文末を言い切ることに抵抗感を示す人もいます。**事実を書いているならば、「〜です」と言い切ることをためらう必要はありません。**

今日のランチはパスタにしたいけど、週末に友だちとイタリアンのお店に行きたいと思っていて、でもその友だちはイタリア旅行から帰ってきたばかりだから、ひょっとすると日本食が食べたいと言うかもしれなくて

長すぎ!!

重要度順！伝えるレシピ

8 1文は短くする

▼

「が」で言葉を
つながない

1文が長くなってしまう原因の1つに、接続助詞「が」の多用
があります。文中の言葉を「が」でつながないようにすれば、
1文は長くならずにすみます。

「が」はたしかに便利で、この1字を入れるだけで、言葉が一見ス
ムーズにつながっていきます。文全体の形をよく考えず、思いつく
ことから書いても、「が」でつなげば、それらしい文ができてしま
います。

　しかし、だからこそ注意が必要。**「が」でつないだ文は長くな
りがちで、読み手は意味がとりにくくなります。**

　接続助詞「が」には、次のように逆説の意味をもつ場合と、単
なる「つなぎ」として使われる場合とがあります。

来客数は減っているが、売り上げは増えている。
　　　　　　　　　↳ 逆接の「が」

その件は現在調査中ですが、途中経過を見る限り
よい結果は得られそうにありません。→つなぎの「が」

逆説の意味をもつ「が」の場合は、次の例文のように、直前で文を区切り、別の接続語を入れられないか考えてみます。

伝わらない!

　食品廃棄物の発生をできるだけ抑えるために、食品製造業や外食産業などはもっと努力・工夫をすべきだと言われているが、そもそも食品廃棄物が増える要因の1つとして消費者の過度な鮮度志向があるのではないかとも言われる。業界の努力・工夫だけでは成果は乏しいものになるだろう。

逆接の「が」

↓

伝わる!

　食品廃棄物の発生をできるだけ抑えるために、食品製造業や外食産業などはもっと努力・工夫をすべきだと言われている。しかし、そもそも食品廃棄物が増える要因の1つとして消費者の過度な鮮度志向があるのではないかとも言われる。業界の努力・工夫だけでは成果は乏しいものになるだろう。

「が」の直前で文を切り、接続詞を入れる

「つなぎ」の「が」の場合、直前で文を区切り、文を分けてしまっても問題がない（意味は変わらない）場合がほとんどです。

伝わらない！

　その件に関しては現在調査中ですが、途中経過を見る限り、よい結果は得られそうにありません。

つなぎの「が」

↓

伝わる！

　その件に関しては現在調査中です。途中経過を見る限り、よい結果は得られそうにありません。

文を分ける

　次の文章では、2つある「が」のうち、前者が単なる「つなぎ」の「が」です。ここで文を分けます。

伝わらない！

　レストランなど食事をする場では、喫煙席を完全になくすべきだという意見があるが、私は全面的に賛成するわけではないが、店側はせめて完全分煙にする努力が必要だろう。

逆接の「が」　　　つなぎの「が」

↓

伝わる!

　レストランなど食事をする場では、喫煙席を完全になくすべきだという意見がある。私は全面的に賛成するわけではないが、心情的には共感する。店側はせめて完全分煙にする努力をするべきだろう。

　元の文の後者の「が」は逆説の意味を持ちますが、後に続く説明が抜けていたためおかしな文になっています。そこで、「心情的には共感する」という部分を加えました。

練習問題1

　以下の文を、接続助詞「が」を使わない文に書き直してください。

　先方はできるだけ早い納品を希望していますが、部品の調達が遅れており、スタッフも不足しているため、納品は最も早くて3週間後になる見込みです。

解答例

　先方はできるだけ早い納品を希望しています。しかし、部品の調達が遅れており、スタッフも不足しているため、納品は最も早くて3週間後になる見込みです。

重要度順！ 伝えるレシピ

9 主語と述語の関係を明確にする

▼

主語が2つ以上
入っている文は要注意!

長い文は、たいてい、主語と述語が2つ以上入っていて、複雑な絡み方をしている「複文」になっています。自分が書いた文に主語が2つ以上入っている場合は、「わかりにくくなっていないか？」と疑ってみましょう。

次の例文は、短いながら、かなりややこしいものです。

伝わらない!

　私は、営業部が新商品に関して調査・検討した資料について、自分なりの意見をまとめて、来週の会議で発表しなければならない。

この文に含まれる主語と述語を示すと、次のようになります。

私は、営業部が新商品に関して調査・検討した
　主語　　　主語　　　　　　　　　　　述語
資料について、自分なりの意見をまとめて、来週の
　　　　　　　　　　　　　　　　述語
会議で発表しなければならない。
　　　　述語

34

このように、主語と述語がいくつも入っている文は、構造が複雑になり、わかりにくくなりがちです。**1文に主語と述語が2つ以上入っていたら、文を分けることを考えましょう。**

伝わる!

新商品に関して、営業部が調査・検討した資料がある。私はそれについて自分なりの意見をまとめて、来週の会議で発表しなければならない。

文を分ける

練習問題2

以下の文を2つ以上の文に分けて、わかりやすく書き直してください。

私が会社のなかで最も尊敬して、ランチタイムには毎日のように、仕事の相談をもちかけている鈴木さんは、営業部の部長だ。

解答例

私が会社のなかで最も尊敬しているのは、営業部長の鈴木さんだ。ランチタイムには毎日のように、鈴木さんに仕事の相談をもちかけている。

鈴木さんは営業部の部長だ。私は、会社のなかで最も尊敬している。ランチタイムには毎日のように、仕事の相談をもちかけている。

重要度順！ 伝えるレシピ

10 主語と述語の関係を明確にする

▼

この文の主語は何か、を常に考える

主語は必ずしも文中に示されるとは限りませんが、書き手の頭のなかには入っていなければなりません。そして、明示する必要のある場合は、的確に示します。入れるべき主語が入っておらず、そのせいでわかりにくくなっている文を見かけます。常に、「この文の主語は何か？」を意識して、文を書くようにしましょう。

主語はいろいろな形で示されます。

何は 何だ　　　　何が どうした
主語 述語　　　　主語 述語

何が どのようだ
主語 述語

さらに、

象は 鼻が 長い
主語 述語
　　 主語 述語

のように、述語のなかに、さらに主語・述語が入っている文まであります。

これらに言葉を肉付けして、長い文を作ります。

わかりやすい文というのは、文の骨格である「何がどうした」「何がどのようだ」などが明確な文です。

ある文を、「何がどうした」「何がどのようだ」というシンプルな形に要約できれば、その文は伝わる条件の1つを備えています。

文を書くときには、「自分はこの1文で何がどうしたと伝えたいのか」「何がどのようだと伝えたいのか」を考えます。

とくに、主語である「何は」「何が」を意識しましょう。

次の例文を読んでみてください。これは、ダンススクールのコーチが、生徒の保護者に向けて書いた文章です。

伝わらない!

　発表会に向けて、子どもたちは毎日、踊りの練習をがんばっています。
振り付けを間違えないようにすることはもちろんですが、皆で動きを合わせたり、感情が伝わるようにからだを動かすことにも苦心しています。

主語がはっきりしない

伝わる！

　発表会に向けて、子どもたちは毎日、踊りの練習をがんばっています。
　どの子も、まずは振り付けを間違えないようにすることに苦心しています。また、皆で動きを合わせること、感情が伝わるようにからだを動かすことにも苦労しています。

主語をはっきり書く

　元の例文でわかりにくいのは、2つめの文の〈振り付けを間違えないようにすることはもちろんですが〉という部分。
　この部分は、「子どもたちが、振り付けを間違えないように苦心している」ともとれるし、「書き手が、振り付けを間違えないようにするのは当然のことと思っている」ともとれます。
　つまり、主語がはっきりしないのです。
　このように、**主語のはっきりしない文は、文章全体をあいまいにする元になります**。そこで、主語をはっきりさせて書き直しました。

50ページで詳しく説明しますが、主語は文中にあえて表記しなくてもよい場合や、表記しないほうがよい場合もあります。だからといって、必要な主語を抜かしてしまうのは本末転倒です。

練習問題3

　以下の2つめの文は、「仕事の様子は」が主語、「取り組んでいる」が述語ですが、主語と述語がうまくつながっていません。主語を「同僚たちは」に変えて、文を書き直してください。

　正社員になって約半年が過ぎた。同僚たちのいつもの仕事の様子は、真剣で、それでいて楽しそうに取り組んでいる。

解答例

　同僚たちはいつも、真剣で、それでいて楽しそうに仕事に取り組んでいる。

39

重要度順！伝えるレシピ

11 主語と述語の関係を明確にする
▼
主語と述語を
きちんとつなぐ

主語と述語がうまくつながっていないと、「伝わる文」にはなりません。自分が書いた文が、「何がどうした」「何がどのようだ」と要約できる文になっているかを確認しましょう。これができれば、主語と述語はつながっています。

次の例文が、「何がどうした」「何がどのようだ」と要約できるかどうか、確認してみましょう。

伝わらない！

私の目標は、社内トップの営業部員になり、1つでも多くの商品を売ります。

主語と述語がつながらない ↓

伝わる！

私の目標は、社内トップの営業部員になり、1つでも多くの商品を売ることです。

つながった！

元の文では、「私の目標は」が主語で、「売ります」が述語になっています。つまり、文の骨格は、「私の目標は、売ります」と

なってしまいます。これでは意味が通りませんね。

　このように、「何がどうした」「何がどのようだ」の形に要約したときに意味が通らない文は「ねじれている」と言います。

伝わらない!

　　販売部の今期の目標は、売り上げ○○円を達成する。

↓主語と述語がつながらない

伝わる!

　　販売部の今期の目標は、売り上げ○○円を達成することだ。

つながった!

「〜の目標は」「〜の長所は」「〜の特徴は」などに続く言葉には、「こと」をつけ名詞にすると、多くの場合うまくつながります。

伝わらない!

　　私の長所は、目標に向かって努力することです。

↓

伝わる!

　　私の長所は、目標に向かって努力できるところです。

　元の文では、「努力する」という動詞に「こと」をつけて名詞にしています。しかし、「長所は努力すること」とは言いません。この場合は「努力できるところ」にしたほうが自然です。

重要度順！伝えるレシピ

12 主語と述語の関係を明確にする
▼

主語を途中で変えずに書いてみる

途中で主語が変わり、述語とうまくつながっていないために違和感のある文になっている例をよく見かけます。「何がどうした」「何がどのようだ」などとうまく要約できないときは、主語が途中で変わっていないかをチェックしてみましょう。

次の例文を、主語と述語に注目して読んでください。

伝わらない！

重要なのは、製造コストを削減しても、商品の質は落とさないことが大事だ。

↰ 文がねじれている

この例文の主語は「重要なのは」です。したがって、述語は「～ことだ」とあってほしいところです。ところが、ここでは「～大事だ」という述語で終わっています。「重要なのは大事だ」という文は、明らかにねじれています。

これを書き直すならば、次のどちらかになります。

伝わる!

　重要なのは、製造コストを削減しても、商品の質は落とさないことだ。

　または、

伝わる!

　製造コストを削減しても、商品の質は落とさないことが大事だ。

　次の例文も、主語と述語がきちんとつながっていません。

伝わらない!

　先輩は、困ったときには助けてくれるし、失敗したときには何度もフォローさせてしまった。

↓

伝わる!

　先輩は、私が困ったときには助けてくれたし、失敗したときには何度もフォローしてくれた。

　主語を途中で変えない

　元の例文は、前半は「先輩は」が主語ですが、後半では（文中には表記されていませんが）書き手の「私」が主語になっています。また、「助けてくれるし」「させてしまった」と、現在形と過

去形が交ざっているのも気になります。

　そこで、**途中で主語を変えずに**、最後まで「先輩は」を主語にし、「助けてくれるし」を過去形に直しました。

伝わらない!
　入社して最初の仕事は受付担当で、3年が過ぎた。

↓

伝わる!
　(私は)入社してすぐ受付の仕事を担当し、そのまま3年を過ごした。

　元の文は、前半に「最初の仕事が受付担当だった」ことを述べ、後半に「3年が過ぎた」ことを述べています。2つの出来事を1文で表現しているので、わかりにくくなっています。

　そこで、主語を「私」に統一して書き直しました(文中には「私」を明示しない)。

　次の文のようなパターンも、よくあるねじれの1つです。

伝わらない!
　しかし、幼い子どものなかには、無理に叱るよりも、少しの間待ってあげたほうが、ずっと早く立ち直れることもあります。

　　主語と述語がつながらない

↓

伝わる!

　しかし、幼い子どものなかには、無理に叱るよりも、少しの間待ってあげたほうが、ずっと早く立ち直れる子もいます。

　元の文に出てくる「〜のなかには」という主語は、必ず「〜もいる（ある）」の形で受けます。たとえば、「お年寄りのなかには、〜という人もいる」「会社のなかには、〜という人もいる」などのように。この形で元の文を直しました。

重要度順！伝えるレシピ

13 主語と述語の関係を明確にする

▼

主語と述語を近づける

長くダラダラした文を続けるとわかりにくくなります。その主な理由は、文が長くなればなるほど、主語と述語の間が離れてしまうからです。

とすれば、文を区切り、主語と述語を近づけることが、わかりやすい文の条件ということになります。

次の例文は、長い1文になっています。

伝わらない！

> 当社は、日本の農業の発展をめざして、生産現場の農業機械の開発ニーズに応じた、農作業の省力化・低コスト化、環境負荷の低減及び農作業の安全性向上を実現する農業機械の研究開発を行っています。

主語と述語が"離れすぎ"！

一読してスッと頭に入ってくる文ではありませんね。

なぜこの文がわかりにくいかといえば、主語と述語が離れすぎているからです（主語は「当社は」、述語は「行っています」）。

主語と述語が遠くかけ離れると、読み手は、この文がどこに行き着くのか、結局は何を言いたいのかがわからないまま、主語と

述語の間にある多くの情報を処理していかなければなりません。これでは読み手は疲れてしまいます。

　文を書くときに、よく考えずに言葉を連ねていくと、主語と述語の間はどんどん遠くなり、情報の伝達力が損なわれていきます。**解決方法は単純で、文を短く切ること**。このことは、執筆にあたって常に意識しておくべきです。

伝わる!

　当社は、日本の農業の発展をめざして、農業機械の研究開発を行っています。生産現場の開発ニーズに応じた、農作業の省力化・低コスト化、環境負荷の低減及び農作業の安全性向上を実現しようとしています。

主語と述語を近づける

主語と述語を近づけるためには、文を短くする

練習問題4

次の文を、主語と述語を近づけるようにして書き直してみましょう。文はいくつになってもかまいません。

....

当社は、小学生から高校生までの若者たちに、健康な食生活の実践と食の重要性を伝えることを目的とした「お弁当コンテスト」を開催するにあたり、「こんなお弁当を食べてみたい」をテーマに、応募者自身が描いたお弁当の絵やイラストを募集します。

....

解答例1

当社は、小学生から高校生までの若者たちに、健康な食生活の実践と食の重要性を伝えることを目的とした「お弁当コンテスト」を開催します。

これにあたり、「こんなお弁当を食べてみたい」をテーマに、応募者自身が描いたお弁当の絵やイラストを募集します。

....

この例では、文を2つに区切り、「これにあたり」という言葉でつなぎました。ただ、本来の述語は〈絵やイラストを募集します〉なので、この部分と主語の距離は縮まっていません。

解答例2

当社は「お弁当コンテスト」の開催にあたり、応募者自身が描いたお弁当の絵やイラストを募集します。テーマは「こんなお弁当を食べてみたい」。

「お弁当コンテスト」は、若い世代の人たちに健康な食生活の実践と食の重要性を伝えることを目的として開催するイベントです。

....

主語と述語を近づけた例です。文の順番を変え、優先すべき情報から並べました。

どちらがわかりやすい？

　当社は、小学生から高校生までの若者たちに、健康な食生活の実践と食の重要性を伝えることを目的とした「お弁当コンテスト」を開催するにあたり、「こんなお弁当を食べてみたい」をテーマに、応募者自身が描いたお弁当の絵やイラストを募集します。

　当社は、「お弁当コンテスト」の開催にあたり、応募者自身が描いたお弁当の絵やイラストを募集します。テーマは「こんなお弁当を食べてみたい」。

　「お弁当コンテスト」は、若い世代の人たちに健康な食生活の実践と食の重要性を伝えることを目的として開催するイベントです。

重要度順！ 伝えるレシピ

14 主語と述語の関係を明確にする

▼

書かなくてもよい
主語は書かない

一般に、文には主語と述語がありますが、主語は必ずしも明示されるとは限りません。主語は書かないほうが自然になる文も多くあります。「昼からは雨になりました」という文では、「天気は」「今日は」という主語は必須ではありません。

　　文中に主語を入れなくていい典型例の1つは、書き手が主語で、しかもほかの人物と紛れない場合です。

　部下が上司に向けて書いた報告書のケースを見てみましょう。

伝わらない！

○月○日　業務報告

　私はA社を訪問し、○○部長と今後のスケジュールについて打ち合わせを行いました。

　先方の希望は、４月末納品でした。私は、部品調達の面から４月末納品はむずかしく、最も早くて５月中旬である旨を伝えました。また私は、予算については別紙の書類をお渡ししました。先方の返事は、今週末までにいただけることになっています。

「私は」が何回も入り、しつこい！

50

伝わる!

　〇月〇日　業務報告

　　A社を訪問し、〇〇部長と今後のスケジュールについて打ち合わせを行いました。

　　先方の希望は、４月末納品でした。部品調達の面から４月末納品はむずかしく、最も早くて５月中旬である旨を伝えました。

　　また、予算については別紙の書類をお渡ししました。先方の返事は、今週末までにいただけることになっています。

　この場合、読み手である上司は、だれがこの報告書を書いているのかはっきりわかっています。このように、読み手が書き手を把握している場合、文中に「私は」「私が」などの主語が何度も入ると、しつこい文章になります。

　報告書・解説書など客観的事実を中心に記す文章では、書き手を明示する必要がありません。そこにことさら「私は」「私が」などを入れると、稚拙な文になる恐れがあるので注意しましょう。

重要度順！伝えるレシピ

15 修飾語に注意を払う

▼

修飾語の位置に気をつける

修飾語は、文中のほかの言葉を詳しく説明するものですが、置く場所によっては、どの言葉を説明しているのかがわかりにくくなります。基本は、修飾語を修飾される語の直前に置くこと。これを守れば、誤解を与える可能性がぐっと減ります。

まずは、そもそも修飾語とはどのようなものかを簡単におさらいしておきましょう。

文の中心となるのは主語と述語で、それ以外の部分はほとんどが修飾語と考えて結構です。

このように、修飾語は文中のほかの言葉を説明します。しかし、置く場所を気をつけないと、どの言葉を説明しているのかがわかりにくくなります。

伝わらない!

　　A社独自のオンデマンド方式による研修プログラム

　この場合、「A社独自の」という修飾語が、「オンデマンド方式」にかかっているのか、それとも「研修プログラム」にかかっているのかがあいまいです。

　このような場合、あいまいさをなくす解決法はいくつかあります。まず、**かかる先の言葉の直前に修飾語を置く方法**です。

　もし「A社独自の」が「研修プログラム」にかかるものであれば、次のように書き換えるとよいでしょう。

伝わる!

　　オンデマンド方式によるA社独自の研修プログラム

　一方、「A社独自の」という修飾語が「オンデマンド方式」にかかる場合、この方法では解決しません。この場合は、**読点を入れる方法と、文を2つに分ける方法とがあります**。ただし、読点を入れたとしても、あいまいさが完全になくなるわけではありません。誤解を避けるなら、語句を補足した上で2つの部分に分けたほうが確実です。

伝わる!

読点を入れる

　　A社独自のオンデマンド方式による、研修プログラム

ふたつの部分に分ける

伝わる!

　　新しい研修プログラム
　　A社独自のオンデマンド方式を採用

重要度順！伝えるレシピ

16 修飾語に注意を払う
▼
修飾語が副詞の 場合は特に注意

「なぜできないのか」の「なぜ」、「ずいぶんできるようになった」
の「ずいぶん」など、修飾語が副詞の場合は特に置き場所に注
意すべきです。
修飾語はかかる言葉の直前に置くのが基本ですが、副詞の場合
は、ついそのことを忘れてしまいがちだからです。

さっと立ち上がるの「さっと」、いきなり座るの「いきなり」、
かなり涼しいの「かなり」、ちっとも変わらないの「ちっとも」、
とても美しいの「とても」など、副詞は状態や程度を表します。

**修飾語は、どんな品詞であれ、かかる言葉（または句）の直前
に置くのが基本です。しかし、修飾語が副詞の場合、その修飾語
がかかる言葉から遠く離れている文をよく見かけます。**

たとえば次のような文です。

伝わらない！

なぜ、営業方法を改善し、毎日努力を積み重ねてきたのに、
営業利益目標を達成できなかったのだろうか。

遠い！

修飾語の「なぜ」を、かかる言葉（句）の直前に移動させます。

54

伝わる!

　営業方法を改善し、毎日努力を積み重ねてきたのに、なぜ営業利益目標を達成できなかったのだろうか。

かかる言葉の直前に置く

伝わらない!

　氏名は、きちんとわかりやすいように書いてください。

遠い!

伝わる!

　氏名は、わかりやすいようにきちんと書いてください。

かかる言葉の直前に置く

修飾語の位置に気をつけないと、文の意味が正しく伝わらなくなる場合があります。

伝わらない!
> すでに会議の時間が変更になっていることは、彼に伝えた。

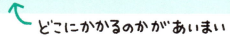
どこにかかるのかがあいまい

この例文は、「会議の時間がすでに変更になっている」ともとれるし、「すでに彼に伝えた」ともとれます。
「会議の時間がすでに変更になっている」のなら、「すでに」の位置は次のようになります。

伝わる!
> 会議の時間がすでに変更になっていることは、彼に伝えた。

「すでに彼に伝えた」のなら、「すでに」の位置は次のようになります。

伝わる!
> 会議の時間が変更になっていることは、すでに彼に伝えた。

文章を感情に任せて、思いつくままに書き連ねてしまうと、言葉の順番が整わなくなるものです。
たとえば、「なぜできなかったのか？」と強く後悔しながら書くと、「なぜ」だけが離れて文の先頭にきてしまう。あるいは、「す

でに知っていますから！」と憤然としながら書くと、「すでに、その件につきましては、先方からお電話をいただき承知しております」と、「すでに」がかなり前にきてしまう、などなど。

　文章は、**まずは思いつくままに書いてもかまいませんが、必ず読み直して、それぞれの語句が適切な場所に置かれているかをチェックしましょう。**

飯間先生のちょこっと講義

副詞と接続詞

「修飾語が副詞の場合」と言われても、「そもそも何が副詞なのかがわからない」という人もいるかもしれません。

　ひと言でいえば、動詞や形容詞を修飾する言葉です。たとえば、「かなり」は「かなり進む（動詞）」、「かなり大きい（形容詞）」のように、動詞句・形容詞句に続くので副詞です。

　副詞と同じように語句の上にくる品詞として、接続詞があります。まぎらわしいのですが、たとえば、「それから」は「〜した。それから〜した」のように、文と文をつなぐので、接続詞と言います。

重要度順！ 伝えるレシピ

17 修飾語に注意を払う
▼

必須の修飾語は、特に気を配る

同じ修飾語でも、単なる飾りのもの（なくても困らないもの）と、それがないと文の意味が通じなくなってしまう、必須のものとがあります。同じ「修飾語」の名で呼ばれてはいても、後者は文の骨格に関わる重要なものです。2つの修飾語の違いを知っておきましょう。

次のそれぞれの文を、修飾語に注目して読んでみてください。

会社の　　隣の　　公園で、
修飾語　修飾語　修飾語

満開の　　桜が　　咲いている。
修飾語　　主語　　述語

鈴木さんは、上司に　明日の　会議の
主語　　　修飾語　修飾語　修飾語

時間を　　知らせた。
修飾語　　述語

1つめの文は修飾語をとると「桜が咲いている」となり、これだけで1つの意味のある文になります。

一方、2つめの文は、修飾語をとると「鈴木さんは知らせた」となり、意味が通じる文にはなりません。読み手は鈴木さんが何をだれに知らせたのかがわからず、混乱してしまいます。「上司に」や「明日の会議の時間を」などの修飾語は、単なる飾り以上の役目を果たしています。

このように、修飾語のなかには、それがないと文の意味が成立しなくなる必須のものがあります。これを「補充成分」（必要な情報を補充するという意味）と呼ぶ人もいます。

そして、**この必須の修飾語の書き方が的確でないために、わかりにくくなっている文をよく見かけます。**

伝わらない!

浅田さんのメールアドレスを伊藤さんに教えていただいたので、お礼を申し上げました。

↓

伝わる!

浅田さんのメールアドレスを伊藤さんに教えていただきました。浅田さんにはすでにご連絡し、伊藤さんにもお礼を申し上げました。

元の文では、「お礼を申し上げる」相手がだれなのかがわかりません。この場合、「だれに」は必須の修飾語です。

伝わらない！

　環境対策の一環として研究対象になっているもののなかに、ペットボトルのリユース（再利用）化がある。

　しかし、たとえペットボトルのリユース化が進んでも、日本では従来の新しいペットボトルを購入する人が容易に想像できる。

ここがよくわからない

　首をかしげたくなるのは、2つめの文です。

　この文の骨格は「（私たちは＝主語）想像できる（述語）」の部分です。これに「日本では」「従来の新しいペットボトルを購入する人が」などの補充成分が加わっています。「容易に」は必須情報でなく、純粋に修飾語です。

　このうち、「従来の〜人が」の部分はよくわかりません。「想像できる」という述語で受けるものは「この先のある事態」ですが、そのようには書かれていません。

伝わる！

　しかし、たとえペットボトルのリユース化が進んでも、日本では従来のように新品のペットボトルを購入する人のほうが依然多いであろうことは、容易に想像できる。

　これで、こなれた文になりました。

　想像できるのは「従来のように新品のペットボトルを購入する人のほうが依然多い」という「事態」です。元の文では、「人」が想像できる、という書き方になっていた点が不十分でした。

Part2 「肝の1文」を正確に書く！

飯間先生のちょこっと講義

補充成分って？

　修飾語の中に、必須のものとそうでないものがある、と聞いて、意外に思う人が多いかもしれません。下の文で考えてみましょう。
「私はピザを大口を開けて食べた」
　この文で「大口を開けて」の部分を抜かして「私はピザを食べた」としても、基本的な情報は伝わります。つまり、「大口を開けて」は必須ではない修飾語です。
　一方、「ピザを」を抜かして「私は大口を開けて食べた」とすると、「何を食べたの？」と言われます。基本的な情報が伝わりません。つまり、「ピザを」の部分は必須の修飾語です。これを別名、補充成分と言うのです。

重要度順！伝えるレシピ

18 句読点の働きを意識する
▼
「打つべき読点」はしっかり打つ

句読点の使い方に悩む声を多く聞きます。意外に思われるかもしれませんが、句読点の打ち方に絶対のルールはありません。仮名遣いや常用漢字の字体を国が定めているのとは異なります。ただ、読みやすくするという観点から考えれば、いくつかのルールを設けることができます。
では、「打つべき読点」とはどんなものでしょうか。

◆誤解を避けるための点

伝わらない！

　　ここではきものをぬいでください。

これは、区切る場所を変えると意味が変わることで有名な文です。「ここでは着物を脱いでください」ともとれるし、「ここで履物を脱いでください」ともとれます。

次のように点を打てば、どちらの意味かはっきりします。

伝わる!

　　ここで、はきものをぬいでください。
　　ここでは、きものをぬいでください。

この文の場合は、きものを「着物」、はきものを「履物」と漢字で書いたほうが意味がしっかり伝わります。単語の切れ目を示すためだけに、むやみに点を打つのはよくないという意見もあります。

◆**修飾語をはっきりさせるために打つ点**

伝わらない!

　　上司が一生懸命残業している私を励ましてくれた。

この文は、一生懸命という修飾語が「残業している」にかかっているのか、「励ましてくれた」にかかっているのかがあいまいです。

一生懸命残業していたのなら、次のように読点を打てば誤解が避けられます。

伝わる!

　　上司が、一生懸命残業している私を励ましてくれた。

　上司が一生懸命励ましてくれたのなら、次のように読点を打つと共に「一生懸命」の位置を変えたほうが伝わります。

伝わる!

　　上司が、残業している私を一生懸命励ましてくれた。

残業している部下を
一生懸命励ましている上司

一生懸命残業している部下を
励ましている上司

◆主語をはっきりさせるための点

「は」が続くとどちらが主語かがあいまいになる場合があります。

伝わらない!

　　私は部下はそんなミスはしないと思っている。

↓

伝わる!

私は、部下はそんなミスはしないと思っている。

◆**事柄のまとまりを明確にするための点**

伝わらない!

業務委託費の使い方は年度ごとに大きく変化することは
ないが広告宣伝費は売り上げに左右されるのでかなり変化
する。

↓

伝わる!

業務委託費の使い方は年度ごとに大きく変化することは
ないが、広告宣伝費は売り上げに左右されるのでかなり変
化する。

伝える事柄が分かれるところ

元の文では、大きく分けて「業務委託費の使い方は年度ごとに
大きく変化することはない」ことと、「広告宣伝費は売り上げに
左右されるのでかなり変化する」という2つのことが語られてい
ます。このように、**伝える事柄が分かれるところでは読点を打ち
ます**。

このほか、**「しかし」「また」「さらに」などの接続詞の後に読
点を打つと、前後の文が際立って、読み取りやすくなります**。

重要度順！ 伝えるレシピ

19 句読点の働きを意識する

▼

息継ぎのタイミングで読点を打たない

前節でも書いたように、読点の打ち方には、「必ずここで打つ」というルールはありません。だからといって、むやみに多く打ったり、あまりよく考えずに適当な場所に打つと、読みにくい文になってしまいます。

　よく見かけるのは、息継ぎをするタイミングで打っているかのような、打ち過ぎのパターンです。

伝わらない!

　10年前くらい前は、単なるものめずらしさ、あるいは、現実逃避的な、田舎暮らしの憧れから、農業研修を、希望する若者が多かった。

↓

伝わる!

　10年前くらい前は、単なるものめずらしさや現実逃避的な田舎暮らしへの憧れから、農業研修を希望する若者が多かった。

　読点の数が減り、読みやすくなりました。

1つの文のなかには、「どのような何々」「何々をどうする人」といった、出来事や状態など、ある意味をもつかたまりが入っています。

　例文の場合なら「現実逃避的な田舎暮らしへの憧れ」「農業研修を希望する若者」などです。このように、**いくつかの単語が合わさって、1つの意味を成している部分は、途中で読点を入れるべきではありません。**

伝わらない!

　このような、若者雇用の場が、少ないことが、地方の人口減少の、一因になっている。

↓

伝わる!

　このような若者雇用の場が少ないことが、地方の人口減少の一因になっている。

　この例では、「ことが」の後の読点以外は、なくても差し支えありません。

重要度順！ 伝えるレシピ

20 句読点の働きを意識する

▼

「、、、」は使わない

文末に読点を連続して打つ「、、、」という表現は、ネットなどではよく見かけますが、新聞、書籍、雑誌などの媒体では使われません。一種の俗用であり、ビジネスの場でも「、、、」を使うのは適切ではありません。

改まった文章ではさすがにないことですが、内部でのやりとりには次のような文末が現れます。

伝わらない!

　先方からの連絡がありません。早急にスケジュールを調整したいのですが、、、

↓

伝わる!

　先方からの連絡がありません。早急にスケジュールを調整したいのですが……。

一般には「…」（３点リーダー）を2つ重ねて「……」とします。「……」は、言葉の余韻を残したり、言葉にはならない思いを込

めるときなどに使います。ただ、明言しないわけですから、意図を誤解される恐れもあります。

ビジネスの場では、あいまいな表現は嫌われます。**「……」を使いたくなったら、「……」の代わりに伝えるべきことは何かを考えるほうが生産的です。**

たとえば、次のように書きます。

伝わる!

　　早急にスケジュールを調整したいのですが、先方からの連絡がありません。

　　本日、もう一度先方に電話で連絡をとってみます。申し訳ありませんが、いましばらくお待ちください。

また、「、、、」と似たケースで、「〜でした。。。」など、文末に句点を連続して並べている文も見かけます。これも、実用文では適切な使い方ではありません。

重要度順！ 伝えるレシピ

21 句読点の働きを意識する

▼

句点は、
文中には打たない

文末につける「。」（句点）は、文末に1つだけ打つ。これが基本です。
当たり前のようですが、文中に引用した文の最後に「。」を使うなど、読みにくくなっている場合もあります。

句点は文の途中では打ちません。

伝わらない!

　日本の民主制がいよいよ危機的状況に直面している。とニューヨークタイムズの記事に書かれている。

このような場合は、読点またはカギカッコをつけます。

読点を打つ

伝わる!

　日本の民主制がいよいよ危機的状況に直面している、とニューヨークタイムズの記事に書かれている。

または、

カギカッコをつける

伝わる!

「日本の民主制がいよいよ危機的状況に直面している」とニューヨークタイムズの記事に書かれている。

伝わらない!

先方の希望は、日時を変更してほしい。それだけです。

↓

伝わる!

先方は、日時の変更のみを希望されています。

元の文のような修辞的な書き方は、小説などに見られないわけではありませんが、**ビジネス文書向きではありません**。

時折見かけるのが、カギカッコのなかの最後の句点です。

「できるだけ早くご連絡ください。」と言われました。

**間違いではないが、
一般社会では標準的でない**

　これも間違いではありません。昔の小説などではこの書き方が見られ、学校教育でもこの方式を用いています。**しかし、一般社会では（学校教育と食い違うのは皮肉ですが）句点と閉じカッコの二重のくくりをつけるのは標準的ではありません。**

伝わる!

　「できるだけ早く連絡ください」と言われました。

としたほうが自然です。

「こんにちは。」 → 「こんにちは」

　また、文中に会話文が出てくるときの句点は、次のように書きます。

　担当の方からご伝言がありました。「いつものとおりにお願いいたします」。

このように、発言の引用を1つの文とする書き方は、読み物ふうの新聞記事などでときどき見かけます。小説やエッセイなどでなく、**客観的に書こうとする場合は、次のように発言を地の文に組み込むほうがよいでしょう。**

伝わる！

担当の方から、「いつものとおりにお願いいたします」とご伝言がありました。

発言を地の文に組み込んだパターン

練習問題5

以下の文章のうち、「～損なわれるのではないか。」の句点は、使い方が適切ではありません。この句点を使わずに、意味は変わらないように書き直してください。

有識者会議では、表現の自由が損なわれるのではないか。という意見が多く出た。

解答例1

有識者会議では、表現の自由が損なわれるのではないか、という意見が多く出た。

解答例2

有識者会議では、「表現の自由が損なわれるのではないか」という意見が多く出た。

73

重要度順！ 伝えるレシピ

22 わかりやすい文にする

▼

受け身の表現は、できるだけ避ける

「〜と思われる」「〜と懸念されている」「〜と考えられる」など、「れる」「られる」を使った受け身の表現は、そう思う主体はだれかがあいまいです。実のところは、書き手個人がそう思っているにすぎない場合もあります。不必要な受け身の表現はできるだけ避け、能動の表現を使うようにしましょう。

次の例文は、受け身表現が多く使われています。

伝わらない!

外国人留学生の受け入れは、日本の学生の異文化理解が増進され、学生・教員などの相互交流が図られ、大学の国際化に大きく貢献すると思われます。

↑ 受け身形(受動態)が多い

↓

伝わる!

外国人留学生の受け入れは、日本の学生の異文化理解を増進し、学生・教員などの相互交流を活発にし、大学の国際化に大きく貢献するでしょう。

↑ 受動態を能動態に

74

受け身の文章は、行為の主体がだれかを言わなくてすむため、無責任な書き方になるきらいがあります。

元の文の中には「増進され」「図られ」「思われます」という3つの受動態が使われています。このうち気になるのは、最後の「思われます」です。思っているのはいったいだれでしょうか。主語が不明だと、説得力が弱くなります。

また、「増進され」「図られ」は受動態にしなくても、能動態でも言えます。そのほうが、意味もよく伝わります。

次の文は、主語が不明なうえに、意味もあいまいになっています。

伝わらない!

　どうしてこのような問題が起きるのか。それは、日本の癒着文化が原因であると考えられる。

⬇

伝わる!

　どうしてこのような問題が起きるのか。それは、日本の癒着文化が原因だと思う。／〜が原因ではないか。／〜が原因かもしれない。

元の文の「考えられる」は、「一般に考えられている」という受け身の意味にもとれるし、「考えることができる」という可能の意味にもとれます。

受け身は、書き手が断定を避けたいとき、発言に責任を持ちた

くないときなどに、わざとあいまいさを残すために使う場合もあります。**ビジネスの場で使う文章では、あいまいさはできるだけ排除すべきです。**書き換える方法を考えてみましょう。

　確証がない場合は、「思う」に類する表現を使います（ただし、なるべく避けたい。116ページを参照）。

　一方、確証を得ている場合は、次のように書きます。

伝わる！

　　どうしてこのような問題が起きるのか。それは、日本の癒着文化が原因と考えるのが妥当だ。／〜が原因と考えてよい。

　あるいは、「以下の理由から、〜と考えられる」のように根拠を示せば、無責任な感じはなくなります。

　次のように、文の途中で主語が変わり、受け身形が使われる文もよく見かけます。ねじれた文です。

伝わらない！

　　当社では、複数部署の社員から成る「調査・対策チーム」を組織し、対策を検討してきましたが、このたび、同チームにより「○○の活用に対する基本的な考え方」が取りまとめられました。

↓ 能動態と受動態が入っている！

伝わる！

　当社では、複数部署の社員から成る「調査・対策チーム」を組織し、対策を検討してきました。このたび、同チームが「○○の活用に対する基本的な考え方」を取りまとめました。

受動態を能動態に

　元の文の「検討してきました」は能動態、「取りまとめられました」は受動態で、不統一です。そこで、文を区切って2つに分け、受動態を避けました。これで整った文になりました。

重要度順！伝えるレシピ

23 わかりやすい文にする

肯定文に書き直せないか、をチェックする

否定文は、読み手の理解を妨げる危険を含んでいます。肯定文をいったんひっくり返す作業が必要になるからです。二重否定、三重否定ともなると、その作業はより煩雑になります。
否定文は、なるべく肯定文に書き換える努力をしましょう。

否定文は、次のように肯定文にできる場合があります。

伝わらない！

> その意見には賛成できません。

↓

伝わる！

> ・その意見には反対です。
> ・私は、また別の意見を持っています。
> ・その意見にはいささか疑問を持ちます。

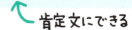
肯定文にできる

「反対です」ときっぱり言い切るより、「賛成できません」としたほうがやわらかなニュアンスはあります。物事を婉曲に伝えたいときはいいでしょう。**しかし、ビジネスの場では誤解のない、**

わかりやすい文が好まれます。否定文は、誤解を生んだり、あいまいになったりする場合もあります。同じことを肯定文で言うことはできないか、チェックしてみましょう。

伝わらない!

　　失敗する可能性は否定できません。

　　　　　　　　↓

伝わる!

　　失敗する可能性もあります。

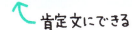
肯定文にできる

　また、否定文は読み手にマイナスイメージを与える場合があります。

伝わらない!

　　汚さないでください。

↓

伝わる!

いつもきれいにお使いいただき、ありがとうございます。

伝わらない!

連絡しないで欠席するようなことはしないでください。

↓

伝わる!

欠席の際には、ご連絡ください。

　元の文だと、非難をしているようなニュアンスが出てしまいます。修正後の文は、特別なニュアンスの入らない書き方です。

　ビジネスの場で特に使わないほうがよいのが、次のような二重否定の文です。

伝わらない！

部長のご提案は、わからないわけではありません。

二重否定になっている

この文の場合、「部長の提案は、まったくわからないのではなく、理解できる部分もある。しかし、わかるとは言い切れない」という微妙なニュアンスを含んでいます。**書き手はその微妙なニュアンスを伝えるつもりで書いても、それを読み手が正確に受け取るとは限りません**。むしろ多くの場合、正確には伝わらないでしょう。

文を分けて、次のように書き直しましょう。

伝わる！

部長のご提案に関して、〇〇〇の部分はおっしゃるとおりと存じます。△△△の部分については、現状ではまだむずかしいと存じます。

Part 3

正確に伝わる
言葉を選ぶ

文は言葉が集まってできています。

言葉選びを1つ間違っただけで、「意味が伝わらない文」になってしまうこともあります。

では、主にどんな言葉に注意するべきか、を見ていきましょう。

重要度順！ 伝えるレシピ

24 「てにをは」に気をつける
▼
「てにをは」を チェックする

「て」「に」「を」「は」「しか」「だけ」「ばかり」などの助詞は、1字から3字程度の短い言葉です。その数文字の言葉が、文全体の意味を大きく左右することも多く、けっしてあなどることはできません。

伝わる文にするには、助詞を適切に選ぶことが大切です。

助詞は、単語の後ろについて、事実関係を示したり、細かい意味やニュアンスを付け加えたりする働きをします。

「て」「に」「を」「は」などの短い言葉ですが、その役割は大きく、**どの助詞を使うかで文の意味が変わってきます。**

次の文を比べてみてください。

鈴木さん **が** A社 **と** B社 **へ** 行く。

鈴木さん **は** A社 **と** B社 **だけに** 行く。

鈴木さん **は** A社 **か** B社 **に** 行く。

3つの文は、「鈴木さん」「A社」「B社」「行く」の部分は同じで、助詞だけ異なります。

1つめは、鈴木さんが両方の会社に行くことを表します。2つめはA社とB社以外の会社には行かないことを含意します。3つめは鈴木さんが行くのは、A社とB社のうち1社であることを表します。

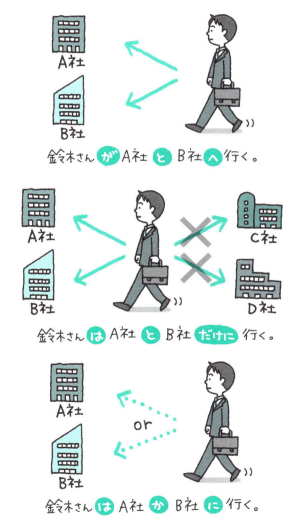

助詞1つで事実関係が大きく変わることが、これらの例からよくわかります。

伝わらない！

　貴社のホームページへ訪問させていただきました。

↓

伝わる！

　貴社のホームページを訪問させていただきました。

　このように、助詞１字を不用意に用いただけで、文全体に違和感が生まれてしまいます。助詞が軽視できないゆえんです。

　次の例は、助詞「に」の使い方に違和感があります。

伝わらない！

　今年度の目標を、社員全員に理解できているかといえば、そうとはいえない。

↓

伝わる！

　今年度の目標を、社員全員が理解できているかといえば、そうとはいえない。

助詞を「が」に変える

　または、

伝わる！

　今年度の目標を、社員全員に理解してもらっているかといえば、そうとはいえない。

動詞の主体を変える

　1つめの修正文では、助詞「に」を「が」に変えました。助詞「に」を生かすなら、2つめ修正文のように、「理解する」→「理解してもらう」と動詞の主体を変えれば解決です。

　助詞の数は多くありますが、この本では、84〜97ページで、特に重要なもの、間違えやすいものを取り上げます。

Part 3　正確に伝わる言葉を選ぶ

飯間先生のちょこっと講義

辞書の表示を参考に

　助詞の使い方がわからないとき、感覚頼みで切り抜ける、という人も多いでしょう。たしかに、経験や勘も頼りになりますが、迷った時は国語辞典を参考にしてみてください。

　見出しの下に「他サ」「他下一」のように「他」という字が表示してあれば、それは他動詞なので、「〜を」という言い方があります。「訪問」は「他サ」なので、「先生宅を訪問する」「ホームページを訪問する」となるわけです。

　一方、「自サ」「自五」など「自」と表示したものは自動詞なので、一般には「〜を」を使いません。

　もっと深く知りたい、という人のためには、『てにをは辞典』というものもあります。助詞の使い方がくわしくわかる辞書です。

重要度順！ 伝えるレシピ

25 「てにをは」に気をつける
▼
「を」「に」がつく言葉を しっかり入れる

「私はA社に請求書を送った」という文は、「A社に」「請求書を」という言葉がなければ、伝わる文にはなりません。
このように、「を」「に」がつく言葉は、事実関係の根幹部分を表す重要な働きをします。

　59ページで、文の意味を成立させるために必須の修飾語（補充成分）について触れました。こうした修飾語は、多く「〜を」「〜に」の形を取ります。この部分を抜かすと、意味が伝わらなくなります。

　たとえば、「私は飲みたい」という文。

　単にこれだけだと、「お酒でも飲むのかな」と受け取られます。そうでないならば、「飲みたい」の前に「水を」「お茶を」「薬を」などの言葉を入れなければ、事実の伝わる文にはなりません。

伝わらない！
> 心より深くお詫び申し上げます。

⬇

伝わる！
> 私どものミスにより、お客様を長くお待たせいたしましたことを、心よりお詫び申し上げます。

　謝罪の場で使われる言葉です。元の文は、これだけでは不十分です。「責任主体はだれか？」「だれにお詫びをするのか？」「何を詫びるのか？」が伝わらず、相手の納得を得ることはできません。

　このように、「を」「に」がつく言葉は、文中でかなり重要な働きをします。書き落とさないようにしましょう。

飯間先生のちょこっと講義

「を」「に」で受ける部分は大事

「を」「に」で受ける部分が大事なことは、子どもも理解してはいます。
　授業中、トイレに行きたくなった子が「先生、トイレ！」と言うことがあります。「（私は）トイレに行きたい」という文のうち、最も大事な「〜に」の部分を取り出して言うのです。ただ、これだけでは意味は伝わりません。「先生はトイレじゃありませんよ」と注意されてしまいます。
「トイレ」を情報として有効にするためには、あくまで、助詞「に」や述語をつけて、文として完成させることが必要です。

重要度順！伝えるレシピ

26 「てにをは」に気をつける
▼

「を」「に」を正しく使う

「を」「に」がつく部分が情報として大事であることを述べました。ところが、この「を」「に」の使い方が悪いために意味の通じない文をよく見かけます。

伝わらない！

　プロジェクトチームのなかにいる新人は、入社８年目の田中さんをサポートさせる。

↓

伝わる！

　プロジェクトチームのなかにいる新人は、入社８年目の田中さんに支援させる。

または、

伝わる！

　プロジェクトチームにいる新人の業務に関しては、入社８年目の田中さんを支援に回らせる。

　この文の書き手は、「入社８年目の田中さんが、新人をサポー

90

ト する」 という意味を伝えるつもりでした。 しかし元の文では、 「新
人が田中さんをサポートする」 という意味になってしまっていま
す。 同じような間違いは、 新聞記事などにも見られます。

伝わらない！

　認知度が低いという現状を鑑み、戦略の立て直しが必要だ。

⬇

伝わる！

　認知度が低いという現状に鑑み、戦略の立て直しが必要だ。

伝わらない！

　評価方法は、A方式を今年度からB方式に替えて実施します。

　この文は、 「もともとA方式であったのを、 新しくB方式にする」
という意味です。 ところが、 これを 「これまでのB方式をやめて、
新しくA方式にする」 という意味で使う場合があります。 これは、
「〜に替えて」 という言葉が多義的で、 「それまでの〜をやめて」
の意味でも 「新しい〜を始めて」 の意味でも使われることからく
る混乱です。 混乱を避けるには、 多義的な言葉をやめます。

伝わる！

　評価方法は、 A方式を廃止し、 今年度からB方式を実施し
ます。

重要度順！伝えるレシピ

27 「てにをは」に気をつける

▼

「が」と「を」、「が」と「に」の取り違えに気をつける

本来は「を」や「に」とするべきところに「が」を使っている文をよく見かけます。文中に「が」を使うときは、違和感が生じないかを確かめましょう。

次の例は、「が」を「を」にしたほうがよいものです。

伝わらない!

> 貴社との関係が今でも続いていることがうれしく思います。

↓

伝わる!

> 貴社との関係が今でも続いていることをうれしく思います。

「続いていることがうれしい」なら「が」になりますが、ここでは「続いていることを〜思う」という形式なので、「を」が適切です。

伝わらない!

> 充実した毎日が送れています。

92

伝わる!

　充実した毎日を送っています。

　次は、「が」を「に」にしたほうがよい例です。

伝わらない!

　たくさんの方が応援していただき、うれしかった。

↓

伝わる!

　たくさんの方に応援していただき、うれしかった。

伝わらない!

　先日は雨にもかかわらず、多くの方がご来場いただき〜

↓

伝わる!

　先日は雨にもかかわらず、多くの方にご来場いただき〜

この「が」と「に」の取り違えは、「いただき」という言葉が入ったときに起きやすくなるので、特に注意しましょう。

重要度順！伝えるレシピ

28 「てにをは」に気をつける

▼

「の」「が」の連続使用に気をつける

「昨日の夕方の会議の内容についての……」「部長が、今期の目標が達成できたのが……」など、「の」と「が」は文中で何度も使いがちな助詞です。
しかし、連続して使うと、読みにくい文になってしまいます。

「の」を続けてしまっているのは、次のような文です。

伝わらない！

　今期の営業部の売り上げの推移は、先日お渡しした資料に書いてあります。

↓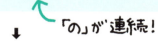

伝わる！

　今期の営業部の売り上げ推移は、先日お渡しした資料に書いてあります。

「売り上げの推移」を「売り上げ推移」としました。ここでは、結びつきが密接な要素同士の間の「の」を除くという方法をとりました。

さらにわかりやすいのは、「の」を「が」「に」「を」などに変える方法です。

伝わらない!

貴社の総務部のBさんのご配慮のおかげで〜

↓

伝わる!

貴社総務部のBさんにご配慮いただいたおかげで〜

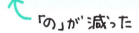
「の」が減った

ここでは、「(私が)Bさんに配慮してもらった」の形にしました。

伝わらない!

スタッフ一同の懸命の努力の結果、目標を達成できた。

↓

伝わる!

スタッフ一同が懸命に努力した結果、目標を達成できた。

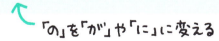
「の」を「が」や「に」に変える

次は「が」を連続して使っている例です。

伝わらない!

部長が、閉店時間が20時から21時に変わったことが、売り上げにどんな影響を及ぼしているかがよくわかる、と評価していた。

↓

伝わる!

部長は、20時から21時という閉店時間の変更が、売り上げにどんな影響を与えたのかよくわかる、と評価していた。

元の文では、主語などを表す「が」が、実に4連続しています。

1文に「が」が何度も出てくると、読み手は、文の骨格となる主語と述語がどれかをつかむまでに時間がかかり、疲れてしまいます。

このような場合、**文の中にさらに文の入った複文になっていることが多いので、文を分けて単純にしたり、表現を変えたりする工夫が必要です。**

「の」は、場合によって「が」「に」「を」などの意味にもなるので、文の意味があいまいになりがちです。

伝わらない!

　鈴木さんの手伝いを依頼した。

だれが手伝うのかがあいまい

↓

伝わる!

　鈴木さんに手伝っていただけるよう依頼した。

　または、

伝わる!

　鈴木さんを手伝っていただけるよう依頼した。

　元の文だと、「鈴木さんに手伝ってもらうこと」を依頼するのか、「鈴木さんを手伝ってあげること」を依頼するのか、はっきりしませんね。

　この場合、「に」「を」を示すと、伝わりやすい文になります。

重要度順！ 伝えるレシピ

29 正確に伝わる言葉を選ぶ

▼

適切な「つなぐ言葉」を使う

句と句をつなぐときに使いがちなのが「て」と「が」です。むやみに「て」と「が」を連続して使うと、長ったらしく、散漫で、わかりにくい文になります。「て」や「が」を使わずに、別の言葉に置き換えられないかを考えてみましょう。

「て」を使うと、たいていの句はつながっていきます。「朝起きて、顔を洗って、ごはんを食べて……」というような文は、よく子どもが書きますね。

「が」も同じく、「先方に問い合わせてみましたが、まだ返事はありませんが、いずれ連絡があると思いますが……」というように、句と句をつなぐのに便利な言葉です。

しかし、単に「て」や「が」でつなぐと、句と句の関係があいまいになり、文全体の意味がわかりにくくなります。

話の筋道をより明確にするために、「て」「が」以外のもっと適切な言葉はないか考えてみましょう。文を短くすることも必要です。

伝わらない!

　医師の仕事のやりがいの1つは、患者が完治した姿を見ることだが、救急医療現場のみに従事する医師は、それを見ることができなくて、常に忙しくて、ストレスがたまって、辞めてしまうケースが多い。

↓

伝わる!

　医師の仕事のやりがいの1つは、患者が完治した姿を見ることだ。ところが、救急医療現場のみに従事する医師は、それを見ることができない。そのうえ、常に忙しく、ストレスがたまるため、辞めてしまうケースが多い。

文を短くして、「つなぐ言葉」を入れる

伝わらない!

　65歳以上の高齢者は年々増加しているが、若年人口は今後減少する見込みだ。

↓

伝わる!

　65歳以上の高齢者は年々増加している。一方、若年人口は今後減少する見込みだ。

文を短くして、「つなぐ言葉」を入れる

Part3　正確に伝わる言葉を選ぶ

伝わらない!

　ツイッターやフェイスブックなどのSNSを利用する子どもが増加して、人との出会い方やつき合い方が変わってきている。

↓

伝わる!

　ツイッターやフェイスブックなどのSNSを利用する子どもが増加している。それに伴い、人との出会い方やつき合い方が変わってきている。

伝わらない!

　進行スケジュールが予定より2か月も遅れており、早く対策を打つべきです。

↓

伝わる!

　進行スケジュールが予定より2か月も遅れているので、早く対策を打つべきです。

因果関係をはっきり示す

　元の文は「て」や「が」でつないでいませんが、「遅れており」と「対策を打つべきです」の関係があいまいです。

　「て」「が」以外にも、**「〜しており」「〜であり」などでつないで、前後句の因果関係をはっきり示さない文もよく見かけます。**

　ここは、因果関係を表す「ので」を使いましょう。

100

練習問題6

以下の2つの文はどちらも、前半と後半の因果関係があいまいです。因果関係をはっきり示す「つなぐ言葉」を使って、それぞれ書き直してください。

・・

その日はA社との打ち合わせが入っており、会議には出席できません。

・・

営業部では、新システム導入に対して反対意見が多数であり、当面は導入を見合わせます。

・・

解答例

その日はA社との打ち合わせが入っているため、会議には出席できません。

・・

営業部では、新システム導入に対して反対意見が多数なので、当面は導入を見合わせます。

重要度順！ 伝えるレシピ

30 正確に伝わる言葉を選ぶ
▼
余計な接続語は入れない

文を書くとき、「そして」「また」「しかし」などの接続語で始めると、前の文とのつながりがしっくりいくと感じることがあります。しかし、それらの接続語は、入れなくてもよい場合が意外に多いものです。

接続語とは、接続詞（57ページ参照）およびそれと同等のはたらきをする語句のことです。

必要のない接続語が入っていると、読み手はわずらわしく感じます。

伝わらない!

先日行われた就職ガイダンスでは、キャリアアドバイザーの新星花子氏が「面接」について話してくれました。

新星氏は、まず、面接で気をつけるべき点として、表情・姿勢・声のトーン・話し方の４つを挙げました。そして、この４つのなかでも、特に第一印象を左右するのは表情だと述べました。また、自分の表情を意識することで、実際にどれくらい印象が変わるかの話もされました。

この文章では、「まず」「そして」「また」の３つの接続語を使っています。これらはキャリアアドバイザーが話した内容の順序を表します。でも、この文章は、ことさら話の順序を強調する必要はありません。接続語を除いてみましょう。

伝わる！

先日行われた就職ガイダンスでは、キャリアアドバイザーの新星花子氏が「面接」について話してくれました。

新星氏は、面接で気をつけるべき点として、表情・姿勢・声のトーン・話し方の４つを挙げました。この４つのなかでも、特に第一印象を左右するのは表情だそうです。自分の表情を意識することで、実際にどれくらい印象が変わるかの話もされました。

接続語が有効にはたらくのは、いくつか大事な事柄があって、読み手にもその事柄同士の関係を理解してほしい場合です。

たとえば、料理のレシピを紹介する文章はその典型です。ひとつひとつの手順を理解してもらわなければならないので、接続語が役に立ちます。

まず、材料を切ります。次に、鍋に油を敷いて炒めます。それから、材料が軟らかくなるまで煮込みます。

　文章を書くときは、「文と文のつながりを読み手は理解してくれるだろうか？」と不安になり、つい接続語が多くなりがちです。下書きの段階ではやむをえないとして、書き上げた後は、不要な接続語は消していきましょう。

伝わらない!

　高齢者を狙った悪質な商法は後を絶たない。しかし、もし自分がだまされてしまった場合は、どこに相談すればいいのだろうか。

余計な接続語

↓

伝わる!

　高齢者を狙った悪質な商法は後を絶たない。もし自分がだまされてしまった場合は、どこに相談すればいいのだろうか。

元の例文では、もともと使うべきでない「しかし」という接続語が入っています。「しかし」は、前の部分からは予想できないことが起こる場合に使います。実際には、この文章はそうした展開にはなっていません。**不適切な接続語を入れると、文章の論理は崩れてしまいます。**

この文章の「しかし」は取るべきです。

練習問題**7**

次の文には、不要な接続語が入っています。その部分を抜いて、書き直してください。

他のメンバーは、どなたもすでに大成功をおさめ、認知度も高い方ばかりです。ですから、そのメンバーの一員に私の名前が連なっているのを見た方のなかには、「なぜ鈴木が？」と思う方もいるでしょう。また、「メンバーになるには経験不足」と感じている方もいると思います。しかし、だからこそがんばりたいのです。

解答例

他のメンバーは、どなたもすでに大成功をおさめ、認知度も高い方ばかりです。そのメンバーの一員に私の名前が連なっているのを見た方のなかには、「なぜ鈴木が？」と思う方もいるでしょう。「メンバーになるには経験不足」と感じている方もいると思います。しかし、だからこそがんばりたいのです。

元の文には、「ですから」「また」「しかし」の3つの接続詞が入っています。このうち「ですから」「また」の2つを抜きました。

重要度順！ 伝えるレシピ

31 指し示す言葉に気を配る

▼

「こそあど」が
何を指すかを明確に

「これ」「それ」「あれ」「どれ」などの何かを指し示す言葉を、「こそあど言葉」（指示語）といいます。
「こそあど言葉」を使うと、繰り返しが避けられ、文がすっきりします。その一方、どの言葉を指し示しているのかがわかりにくくなる場合があります。

次の例文は、「それ」が何を指すのかがはっきりしません。

伝わらない!

　資料は、いつも机の上のファイルに入れています。それは、上司の鈴木さんからもらったものです。

↓

伝わる!

　資料は、いつも机の上のファイルに入れています。そのファイルは、上司の鈴木さんからもらったものです。

指し示すものをもう一度入れる

「それ」を「そのファイル」に直しました。「こそあど言葉」が何を指し示すかがわかりにくいときには、指し示すものをもう一

度入れるとわかりやすくなります。

伝わらない!

　どんな企業が自分に合うかを考え、将来のビジョンを描こう。友人とも<mark>それ</mark>について話し合ってみよう。

↓

伝わる!

　どんな企業が自分に合うかを考え、将来のビジョンを描こう。友人とも<mark>そのビジョン</mark>について話し合ってみよう。

指し示すものをもう一度入れる

伝わらない!

　市内では、JR○○線・路線バスなどの<mark>交通機関</mark>が運行していますが、市内の人口減少による利用者数の低下や、自家用車の普及などから、<mark>その</mark>多くは赤字になっています。

指し示す言葉と遠く離れている

↓

伝わる!

　市内では、JR○○線・路線バスなどの<mark>交通機関</mark>が運行していますが、<mark>その</mark>多くは赤字になっています。市内の人口減少による利用者数の低下や、自家用車の普及などが原因です。

　元の文の「その」は、「交通機関」を指していますが、指し示す先が離れているため、「その」が何を指しているかがわかりにくくなっています。このような場合は、**こそあど言葉と、その指し示す言葉とを近づける**とわかりやすくなります。

107

重要度順！伝えるレシピ

32 正確な言葉を使う

▼

「ら抜き言葉」は、避けるのが無難

「会議に出れなくなった」（←出られなくなった）、「そのニュースは見れなかった」（←見られなかった）など、動詞の可能表現で、本来あるべき「ら」を抜いた形を「ら抜き言葉」と言います。使用には注意が必要です。

「出れる」「見れる」などの語形は、戦前から使用例があり、戦後になって広く使われるようになりました。若い世代の間では、「ら抜き」かどうかを自分で判断できないほど、この言い方が一般化しています。

とはいえ、現時点では、「ら抜き」は標準的でないと認識する人が多数派です。**ビジネスの場で使う文章は、幅広い世代に読んでもらう必要があります。「ら抜き」は原則として避けておくのが無難です。**

よく使う動詞で、しかも「ら抜き」の形で使われやすいものを、本来の可能表現とともに、右にまとめておきます。

ら抜き		本来の可能表現
見れる	←	見られる
食べれる	←	食べられる
起きれる	←	起きられる
出れる	←	出られる
着れる	←	着られる
来れる	←	来られる

ビジネスで使う場合でも、**読み手の層によっては、むしろ「ら抜き言葉」を使ったほうがしっくりいくときもあります**。たとえば、若者向けのウェブサイト上に載せる文章の場合、「今なら、500円で見られる！」よりも「今なら、500円で見れる！」のほうが、読み手のふだんの言葉に近いため、訴求力が上がります。

　「ら抜き言葉」は、一般的にはまだまだ抵抗感が強い語法です。これを使うか使わないかは、**読み手の層や、シチュエーションを考え、柔軟に決めていくことが必要です**。

飯間先生のちょこっと講義

「よう」がつくなら「られる」

　動詞の可能表現にする場合、「れる」を使うか「られる」を使うかは、動詞の種類によって決まります。五段動詞には「れる」、上一段・下一段・カ変動詞には「られる」をつけます。
　──などと言っても、日常会話の中で、とっさにどの動詞がどの種類に属するかを判断できる人は少ないでしょう。そこで、もっと簡単な「ら抜き」判別法をお教えします。それは、
「『よう』がつくなら『られる』がつく」
　というものです。
　可能形が「れる」か「られる」かで悩む動詞が出てきたら、その動詞に、意志を表す「よう」をつけてみます。それで言葉が成り立てば、可能表現には「られる」を使います。
　たとえば「着る」は「（この服を）着よう」と言いますね。したがって、可能表現は「着られる」となります。
　一方、同じ発音の「切る」は、意志を表すときは「切よう」ではなく「切ろう」と言います。「よう」はつかないので、可能表現は「切られる」でなく「切れる」です。わかりやすいと思いませんか。

重要度順！伝えるレシピ

33 言葉選びに気を配る
▼
話し言葉を混ぜない

日本語は「話し言葉」と「書き言葉」の差が著しい言語です。会話で使う分には特におかしくも失礼でもない「話し言葉」が、ビジネス文書などの「書き言葉」に使われると、違和感を生んだり、礼儀を欠いたりすることがあります。

実用的な文章では、話し言葉特有の言い方を混ぜないようにしましょう。

伝わらない！

　メールありがとうございます。12日までの納品はむずかしいですか。じゃあ、連休明けの16日ならどうでしょうか。こっちもけっこうスケジュールが厳しい状態でして、なるべく早くいただけるとありがたいんですが＾＾；）

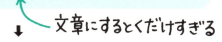

↓

伝わる！

　メールありがとうございます。12日までの納品はむずかしいでしょうか。それでは、連休明けの16日ならばいかがですか。こちらもかなりスケジュールが厳しい状態で、なるべく早くいただけると助かります。

面と向かって話している場合、ある程度親しい仕事相手であれ
ば、元の言い方でも差し支えありません。一方、メールで元の文
章のように書くと、たとえ相手が同じ人であっても、失礼になり
ます。

　たとえば、「じゃあ」という話し言葉は、ビジネスの会話では
しばしば使われます。ところが、それをそのままメールに使うと、
とたんに失礼になってしまうのです。

　以下の左側は、書き言葉のなかでつい使ってしまいがちな話し
言葉の例。右側は、望ましい書き言葉の形です。

■**話し言葉を書き言葉にすると……**

いろんな	→	いろいろな
少しですけど	→	少しですが
自然とわかってくる	→	自然に／おのずとわかってくる
新品じゃないので	→	新品ではないので
じゃあ、明日にでも	→	では、明日にでも
すごく	→	とても／非常に／大変
誤解しちゃった	→	誤解してしまった
ちゃんと	→	きちんと
行くってことは	→	行くということは
間違えてる	→	間違えている
返しといて	→	返しておいて
どうですか	→	いかがでしょうか
実例とかを見て	→	実例などを見て
行くなんてことは	→	行く（などという）ことは
本当にごめんなさい	→	誠に申し訳ございません
前に	→	以前に
私みたいな者でも	→	私のような者でも
わりと／わりかし大きな	→	わりあい大きな

重要度順！伝えるレシピ

34 言葉選びに気を配る
▼
主観的な形容詞には注意

「美しい」「うれしい」「きれい」などの形容詞・形容動詞は、人やものごとの状態・性質を主観的に表す言葉です。客観的に述べなければならない部分で主観的な言葉を選ぶと、説得力に欠ける文章になってしまいます。

　形容詞は言い切りの形が「〜い」、形容動詞は「〜だ（です）」となる単語です。たとえば「美しい」は形容詞、「きれいだ（です）」は形容動詞です。

　形容詞・形容動詞は、人やものごとについて説明するときに便利な言葉ですが、主観的な意味をもつものも多いので、注意が必要です。

　たとえば、目の前に汚れている本があったとします。これを形容詞を使って説明すると、次のようになります。

この本は汚い。

この文からは、書き手の嫌悪感を感じませんか。「汚い」は、マイナス評価を伴う形容詞です。

これを、形容詞を使わないで説明すると、たとえば次のようになります。

- この本は汚れている。
- この本は、裏表紙に直径5ミリほどのシミがついています。

「この本は汚い」という文に比べて、より客観的になります。2つめの文は、汚れが「直径5ミリほどのシミ」と説明され、状況が具体的にわかります。

ビジネスの場で求められることが多いのは、主観的な文章よりも客観的な文章です。客観的な文章だからといって、形容詞・形容動詞を完全に除く必要はありませんが、使うときには注意が必要です。

①形容詞・形容動詞を、動詞などに置き換えてみる、②具体的な数値を出す、③比較の対象を示す、などのことを試してみましょう。

◆具体的な数値を出す

伝わらない！

おかげで会議の時間は短くなりました。

↓

伝わる！

おかげで会議の時間は、以前に比べて1時間短くなりました。

具体的な数値を出す

◆動詞に置き換える

伝わらない！

この製品はとても静かだ。

↓

伝わる！

この製品は、動作時の騒音を70パーセント低減した。

動詞に置き換える

◆比較の対象を示す

伝わらない!

　その土地は広大だ。

↓

伝わる!

　その土地は、東京ドームおよそ10個分だ。

　　　　　　　↑
　　　　比較の対象を示す

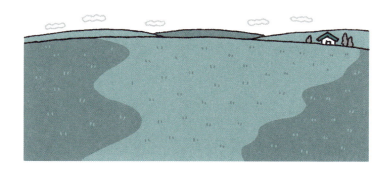

Part3　正確に伝わる言葉を選ぶ

重要度順！ 伝えるレシピ

35　言葉選びに気を配る

▼

「思います」は避ける

「今から、この件について説明したいと思います」「新しい企画を進めたいと思います」など、文末に「思います」のつく文をよく見かけます。
「思います」でしめくくる文は、断定を避けた逃げの表現にもなります。別の表現ができないかを考えましょう。

「～したいと思います」という表現は、書き言葉だけでなく、口頭表現でもよく聞きます。たとえばこんな具合です。

伝わらない！

　ご意見・ご感想がございましたら、ぜひ係あてにお送りいただきたいと思います。詳しくは番組の最後に告知したいと思っております。

↓

伝わる！

　ご意見・ご感想がございましたら、ぜひ係あてにお送りください。詳しくは番組の最後に告知いたします。どうぞ最後までご覧ください。

元の文では「思います」「思っております」と、「思う」が連続しています。「思う」を使わずに書き直しました。

「思う」と同様に「考える」も注意が必要です。
「思う」「考える」には意味の違いがあります。
「思う」とは、そのことが頭に浮かんでいるけれども、確かな根拠がない場合に使います。客観的に書いている文章に「思う」が出てくると、読み手は、「この人の言っていることには裏づけがないのだな」と判断します。
　一方、**「考える」は、根拠に基づいて導き出した場合に使います**。犯行現場にAという人物の指紋が残っていれば、捜査する側は「Aが事件に関わった可能性がある」と「考え」ます。あやふやに「思う」のとは違い、「考え」たことには一定の信頼性があります。

思う → 根拠がない場合

考える → 根拠がある場合

ところが、**「考える」を「思う」の意味で軽く使う人が多いの
も事実です。**

伝わらない！

　結果がわかり次第、ご報告したいと考えています。

　これは、事実上は「ご報告したいと思います」と同じで、単に
断定を避けているだけです。聞き手から「あなたは『考える』と
言うが、ではどういう根拠でそう考えるのですか」と尋ねられて
も、答えられないでしょう。
　特にビジネスの場では、あやふやな言い方は嫌われます。

伝わる！

　結果がわかり次第、ご報告します。

　このようにはっきり言い切る、または次のように期限を切った
言い方がいいでしょう。

伝わる！

　1週間をめどに、結果をご報告いたします。

　**文章の中で「思います」を避けるということは、裏づけとなる
材料をきちんと揃えるということでもあります。**以下の文章では
「思います」が連続し、あやふやです。具体的な理由を入れて書

き換えてみましょう。

伝わらない!

　プロジェクトチームのメンバー同士、もっと密接に連携しなければならないと思います。たとえばLINEを使えば便利だと思います。これを使ってミーティングをしたらどうでしょうか。

↓

伝わる!

　プロジェクトチーム内でのミーティングにLINEを取り入れることを提案します。LINEを使えば、出先にいる人も含めて、必要な時に話し合いができます。スマートフォンでもパソコンでも使用できます。メンバーが密接に連携するために必要です。

重要度順！ 伝えるレシピ

36 言葉選びに気を配る

「のだ文」は控える

文の終わりに「のだ」「のである」「のです」などの言い方を使うと、押しつけがましい感じが出てしまいます。どうしても必要な場合以外は、使用を控えるのがよいでしょう。

「のだ」「のである」「のです」で終わる文を「のだ文」と言います。「のだ文」は、相手の知らなかったことを説明するときに使います。

- 売り上げは、天気の影響を受けやすい。
- 売り上げは、天気の影響を受けやすいのである。

前者は事実を述べただけですが、後者は「知らなかったでしょう」という書き手の気持ちが感じられます。

これまでだれも思いつかなかったアイデアを述べる場合など、「のだ文」が効果を発揮することはあります。けれども、**一般には押しつけがましさのほうが目立ちます。客観的に報道する新聞などの文章では、基本的に「のだ文」は使われません。**

　特に、周知の事実について「のだ文」を使うと、読み手に「この書き手はそんなことも知らなかったの？」と思われてしまうこともあります。

　次の文は、「のである」を使う必要はあるでしょうか。

伝わらない!

　日本では、65歳以上の高齢者が年々増加しているのである。

↓

伝わる!

　日本では、65歳以上の高齢者が年々増加している。

　日本で高齢化が進んでいることは、もうずいぶん前から言われている周知の事実です。「のである」は削除します。

「周知の事実」でなくても、「のである」「のだ」は削ってもよい場合がほとんどです。

伝わらない!

　子どもの学歴は、家庭の所得に左右されている**のである。**家庭の所得が低いと子どもは学習塾に通えず、それゆえに大学進学率も低くなるという流れができてしまう**のである。**

↓

伝わる!

　子どもの学歴は、家庭の所得に**左右されている。**家庭の所得が低いと子どもは学習塾に通えず、それゆえに大学進学率も低くなるという流れが**できてしまう。**

伝わらない!

　消費者のさまざまな要求に応えられる制度が必要な**のである。**

↓

伝わる!

　消費者のさまざまな要求に応えられる制度が**必要だ。**

会話では、「そういう制度が必要なんです（←なのです）」のような言い方は多用されます。**もともと、会話は「ですよ」「ですね」など、話し手の気持ちを表す語尾が豊かです。「のです」もその1つです。**

　一方、ビジネス文書などでは、書き手の主観はなるべく取り除くようにします。「のだ文」を使わないことが望ましいのは、それが主観的な文だからです。

重要度順！ 伝えるレシピ

37

よりわかりやすい言葉を選ぶ

▼

和語と漢語を適材適所に使い分ける

私たちが普段、話したり書いたりしている日本語は、大きく和語と漢語とに分けられます。この2つの語彙を、うまく使い分けましょう。

　和語は、もともと日本で使われていた固有の日本語で、漢字を訓読みにする言葉。漢語は、昔、中国から入ってきた言葉で、漢字を音読みにする言葉です。たとえば「受け継ぐ」「探し求める」は和語で、「継承する」「探索する」は漢語です。

　気をつけたいのは、漢語を使いすぎないようにすることです。

伝わらない!

　先日、筆者は友人との会話において、以下の発言をした。

↓

伝わる!

　先日、私は友達と話していて、次のように言った。

　元の文は、大学生が提出したレポートの一部分です。ごく日常的な場面を記した文ですが、ずいぶん硬い感じがします。そこで、

漢語の数を減らしました。

伝わらない!

　　今後資産運用への関心が顕在化することを先見し、新規の
金融商品を用意している。

↓

伝わる!

　　これからは資産運用への関心が高まると考えて、新しい金
融商品を用意している。

「今後」→「これからは」、「顕在化する」→「高まる」、「先見し」
→「と考えて」、「新規の」→「新しい」と、漢語を和語に置き
換えました。耳で聞いてもわかりやすいはずです。

　漢語の多用は避けるべきですが、適切に使うことは必要です。
漢語は、和語よりも物事を細かく表現し分けることができます。
たとえば、和語の「叫ぶ」にあたる漢語表現として、「絶叫する」
「悲鳴をあげる」「怒号をあげる」などがあります。**和語と漢語は
適材適所に使い分けることが大事です。**

和　語		漢　語	和　語		漢　語
受け継ぐ	⇔	継承（する）	誘う	⇔	勧誘（する）
受け取る	⇔	受領（する）	疑う	⇔	疑念（を抱く）
得る	⇔	取得（する）	決まる	⇔	決定（する）
わずらわしい	⇔	煩雑（だ）			

125

重要度順！ 伝えるレシピ

38 余計な言葉は削る

文についている贅肉を削る

伝えたいことを詳しく正確に書こうとすることは大切です。でも、その結果、もってまわった長い文になるのは好ましくありません。余計な言葉が増えれば増えるほど、文の意味はわかりにくくなります。文についた「贅肉」を削り、伝えたいことをはっきりさせましょう。

文が長くなったと思ったら、言葉をひとつひとつチェックして、意味を変えずにもっと簡単な表現はできないか、考えてみます。言い換えられる箇所は意外に多いはずです。

伝わらない！

> 問題の1つは、タクシー代わりに救急車を呼ぶ人がいるということだ。

ここが余計

伝わる!

　問題の1つは、タクシー代わりに救急車を呼ぶ人がいることだ。

伝わらない!

　特に夕方以降は、少ない人数で子どもたちの面倒を見なければいけないため、非常に忙しい。しかしながら、そういった事情はどの保育園においてでも同じであるため、保育士たちはなかばあきらめている。

↓

伝わる!

　特に夕方以降は、少ない人数で子どもたちの面倒を見なければならず、非常に忙しい。しかし、事情はどの保育園でも同じだ。保育士たちはなかばあきらめている。

伝わらない!

　今後採算を取ることのできない支店は、徐々に閉鎖に追い込まれざるをえない状態になっていくであろう。

ここが余計

伝わる!

　今後採算が取れない支店は、徐々に閉鎖に追い込まれるだろう。

伝わらない!

　ここでは具体的な事例を示すといったようなことは目的としてはいない。

ここが余計

伝わる!

　ここでは具体的な事例を示すことは目的としていない。

伝わらない!

　それは手抜き以外の何ものでもありはしない。

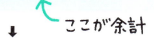

↓

伝わる!

　それは手抜きそのものだ。

練習問題8

以下の文には、3か所「贅肉」部分があります。その部分を削り、すっきりした文に直してください。

....

　しかし、現状はどうかというと、コスト削減のために、まずは人件費を削るという方法を取る企業もなお多いわけである。

....

解答例

　しかし、現状では、コスト削減のために、まずは人件費を削る企業もなお多い。

....

　原文では、次の波線部分が「贅肉」です。
　しかし、現状はどうかというと、コスト削減のために、まずは人件費を削るという方法を取る企業もなお多いわけである。

重要度順！ 伝えるレシピ

39　余計な言葉は削る

▼

「重言」を避ける

「馬から落馬する」のように、同じ言葉の繰り返しを含む表現を「重言」と言います。重言は、一概に悪いわけではありません。強調を目的としたものや、「大学に入学する」のように違和感の少ないものもあります。
その一方、不注意から同じ言葉を重ねてしまったものもあります。使う必要のない重言は改めましょう。

伝わらない！

商品の代金がいまだに未納です。

↓

伝わる！

商品の代金が未納です。

「未納」は「いまだに納めていない」という意味です。元の文では、未納と、直前の「いまだに」の意味が重なります。

伝わらない！

技術開発の体制を整えなければ、この先は生き残れていけないだろう。

可能表現が重なっている

↓

伝わる!

　技術開発の体制を整えなければ、この先は生き残れないだろう。

　または、

伝わる!

　技術開発の体制を整えなければ、この先は生き残っていけないだろう。

　「生き残れる」は可能表現なので、さらに「～ていける」という可能表現を重ねる必要はありません。

■**よく起こる重言の例**

あらかじめ予定していた	→	あらかじめ決めていた／予定していた
いまの現状	→	現状
炎天下のもと	→	炎天下
価格を値下げする	→	価格を下げる／値下げする
およそ3000万円ほど	→	3000万円ほど／およそ3000万円
会を閉会する	→	閉会する／お開きにする
辞意の意向	→	辞任の意向／辞意
受注を受けた	→	受注した／注文を受けた
食事を食べる	→	食事する／食事をとる
製造メーカー	→	メーカー／製造業者
年内中に	→	年内に

重要度順！ 伝えるレシピ

40 　余計な言葉は削る

▼

繰り返しを避ける

前節で見た「重言」のほかにも、くどい言い方があります。複数回言わなくてすむことをことさら繰り返している文や、同じ言葉がたまたま「かぶって」しまっている文も、意味を取りにくくします。

繰り返しの表現は、次のように削っていきましょう。

伝わらない！

　　多様な観点から考えていくべきだと考える。

↓

伝わる！

　　多様な観点から考えていくべきだ。

ひとつにする

伝わらない！

　　ゲストの笑顔や聴衆の皆さんの笑顔が見られて、事務局冥利に尽きました。

↓

伝わる!

　ゲストや聴衆の皆さんの笑顔が見られて、事務局冥利に尽きました。

伝わらない!

　日本の大学の学生たちが異文化を体験することは、日本の大学の国際化に大きく貢献するでしょう。

⬇

伝わる!

　学生たちが異文化を体験することは、日本の大学の国際化に大きく貢献するでしょう。

伝わらない!

　チームが結束するためには、コミュニケーションの活性化が必要だ。そのためには、メンバー同士が相手の話をよく聞くことが必要だ。

⬇

伝わる!

　チームが結束するためには、コミュニケーションの活性化が必要だ。その基本となるのは、メンバー同士が相手の話をよく聞くことだ。

伝わらない!

　地元での就職を希望していましたが、地元では希望に合う就職先がありませんでした。

↓

伝わる!

　地元での就職を希望していましたが、条件に合う職場が見つかりませんでした。

別の表現にする

　元の文では、前半と後半とで「地元」「就職」「希望」が繰り返し使われています。そこで、後半を変えました。

伝わらない!

　申込書はリンク先のページからダウンロードしていただき、必要事項をご記入いただき、当社宛にご送付いただければ、改めてこちらからご連絡させていただきたく存じます。

「いただく」がしつこい!

↓

伝わる!

　申込書はリンク先のページからダウンロードできます。必要事項をご記入の上、当社宛にお送りください。改めてこちらからご連絡いたします。

Part3 正確に伝わる言葉を選ぶ

重要度順！伝えるレシピ

41 よりわかりやすい文にする
▼
専門用語の使用はできるだけ避ける

会社内や業界内だけで通用する専門用語を、一般向けの文章で使ってしまうことがあります。これは極力避けるべきです。

　専門用語は、いつもそれを使っている人にとっては身近な言葉なので、世間一般でも通用するかのような錯覚が生まれてきます。まずは外部に通じるかどうかチェックし、場合に応じて言い換えたり、説明を加えたりすることが必要です。

　次の例文には、専門用語が使われています。

伝わらない！

　長期投資において、その成果を決めるのは アセットアロケーション によるところが大きい、とされている。

専門用語

↓

伝わる！

　長期投資において、その成果を決めるのは アセットアロケーション（資産配分） によるところが大きい、とされている。

簡単な説明を入れる

「アセットアロケーション」とは、アセット（資産）のアロケーション（配分）、つまり、投資のリスクを軽減しつつ、リターンを獲得するため、投資資金を複数の異なった資産に配分する、という意味です。

金融業界の人や、株に投資している人なら聞き慣れた言葉かもしれませんが、必ずしも一般的ではありません。

この場合は、初出時に説明を入れると親切です。

専門用語や目新しい言葉を入れると、文章の水準が上がったような気がして、書き手は満足してしまいがちです。ところが、**情報を伝える機能は、むしろ弱くなっているおそれもあります。**

専門用語が紛れこむのは、何も報告書や論文に限りません。次の文は、ある駐車場（地下式）の看板に書かれていたものです。

伝わらない!

台風および近年のヒートアイランド現象による異常降雨が発生した場合には、冠水のおそれがあるので、すみやかに車を移動してください。

↓

伝わる!

台風や異常降雨の場合には、冠水のおそれがあるので、すみやかに車を移動してください。

「ヒートアイランド現象」とは、都市部の気温がそこだけ島のよ

Part3
正確に伝わる言葉を選ぶ

137

うに高くなる現象です。ニュースでしばしば見聞きしますが、「台風」などとは違って、だれもがすっと理解できる用語ではありません。

　ここでは、「台風や異常降雨の場合には、～」とするだけで、意味は十分伝わります。ことさら異常降雨の原因にまで言及する必要はありません。

　専門用語が入ると、読み手はそこで止まってしまい、肝心の伝えたいことが伝わらない文になってしまいます。

Part3 正確に伝わる言葉を選ぶ

飯間先生のちょこっと講義

ついつい使う専門用語

　私は国語辞典を作る仕事をしています。専門的には「編纂者(へんさん)」と言います。「編纂」とは、辞書の材料になる言葉を集めたり、原稿を書いたりする仕事です。

　単に「編纂」と言っても、相手に伝わらないおそれがあります。そこで、自己紹介の時は、冒頭のように「国語辞典を作る仕事」と言ったり、「こんな仕事です」と説明を加えたりします。専門用語には気を使います。

　ところが、私がごく普通だと思っていた言葉が通じず、はっとすることもあります。

　以前、打ち合わせの席で、編集者から質問を受けました。
「先生の文章中に出てくる『語釈』とは、どういう意味ですか？」

　うっかりしていました。「語釈」は、意味を説明した文のことです。自分がいつも使う言葉なので、一般の人にもわかると思い込んでしまいました。実際には、「語釈」と聞いてピンとくる人は少ないようです。

　専門用語は、知らず知らず使ってしまうものです。読み手にわからない言葉ではないか、再点検してみてください。

重要度順！伝えるレシピ

42 よりわかりやすい文にする
▼
同じ文末が何度も続かないようにする

「〜でした。〜でした」のように、同じ文末が繰り返されることは好ましくありません。音として単調になるからでもありますが、それよりも、文末が同じということは、文章の内容そのものに変化がないということだからです。

　かりに、今朝あったことを淡々と述べるだけの文章なら、文末はすべて過去形の「〜ました」だけで間に合います。

伝わらない！

> 朝は7時に起き**ました**。トーストとコーヒーの食事をし**ました**。その後、歯磨きと洗顔をすませ**ました**。身支度を整え、8時に家を出**ました**。

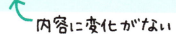
内容に変化がない

　この文章では、時間は経過していますが、出来事を淡々と述べているもので、内容に変化はありません。

　ところが、これに「私は朝食は洋風が好みです」「会社が遠いので早く出かける必要があります」など、注釈を加えた場合、その部分の文末は「〜ます」と現在形になります。

　つまり、**出来事を述べたり、注釈を入れたり、感想を加えたり**——というように、内容に質的変化のある文章ならば、文末は自

然に変わってきます。

　次の文章は、先日あった出来事だけを述べています。

伝わらない!

　先日は、どうもありがとうございました。大変有意義な時間を過ごすことができました。

　また、これまで一度も聞いたことがないお話が沢山あり、大変興味深く聞かせていただきました。特に天気の話は印象的でした。

　これに、現在の自分の気持ちを加えてみましょう。

伝わる!

　先日は、どうもありがとうございました。大変有意義な時間を過ごすことができ、感謝しております。

　また、これまで一度も聞いたことがないお話が沢山あり、大変興味深く聞かせていただきました。特に天気の話は印象的でした。

現在の自分の気持ち

「感謝しております」の部分は、出来事ではありません。書き手の今の気持ちです。過去の出来事を「〜ました」と述べる中に、「〜ます」の形で気持ちを書き加えたことで、自然に文末に変化が表れました。

「文末が単調だな」と感じたら、文章の内容が単調なのではないかと疑ってみてください。出来事だけを長々と書き連ねていないか、逆に「〜思います」と、思ったことばかりを続けていないか、確かめることをお勧めします。

141

重要度順！ 伝えるレシピ

43 よりわかりやすい文にする

▼

「こと」を使いすぎない

「こと」は便利な言葉で、つい多用してしまいます。長い句の後に「こと」をつければ、そこまでを1つの単語のように扱えるからです。しかし、「こと」を使いすぎると複雑な文になる場合があります。「こと」を削ったり言い換えたりして、文を単純にする工夫をしましょう。

「先日お願いしたことは進めていただきましたか」と言うときには、「先日お願いしたこと」をひとつの単語のようにまとめて表現しています。「こと」のこうした「まとめ機能」を文中で何度も使うと、文の構造が複雑になります。

「先日お願いしたことを進めていただくことが最優先であることは言うまでもないことですが……」

これではわけがわかりません。

一番使いがちなのは、可能の「ことができる」です。これをなるべく使わないようにします。

伝わらない!

　時間の大切さを再認識することができました。

⬇

伝わる!

　時間の大切さを再認識できました。

伝わらない!

　そのような社会は、機会不平等であるということができる。

⬇

伝わる!

　そのような社会は、機会不平等である。

伝わらない!

　　評価をいただくことができるまでになりました。

⬇

伝わる!

　　評価をいただけるまでになりました。

また、「～こと」で受ける句を、別の名詞で言い換えられないか、試してみるのも有効です。

伝わらない!
　人と話すことは、自分が考えていることを自覚するためにも大切なことだ。

↓

伝わる!
　人と話すことは、自分の考えを自覚するためにも大切だ。

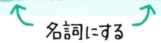
名詞にする

伝わらない!
　私が地元での就職を希望したのは、○○県の人口が○○万人を割ったということを知ったことがきっかけだ。

↓

伝わる!
　私が地元での就職を希望したのは、新聞で○○県の人口が○○万人を割ったという報道に接したことがきっかけだ。

より具体的な名詞に

「割ったということ」は、具体的には新聞などの「報道」なので、「こと」→「報道」と、より具体的な名詞に置き換えます。

「こと」は、このほか、いろいろな具体的な名詞に置き換えられます。

■「こと」を具体的な名詞にする

予算が足りなくなることもある

→　予算が足りなくなる場合もある

先日お願いしたこと　→　先日ご依頼した件

私がこれまでに行ってきたこと

→　私のこれまでの経験

参加者が話したこと　→　参加者の発言

よく確認しなかったこと

→　確認不足

「こと」を具体的な表現に置き換えると、表現自体が短くなるという利点もあります。

重要度順！ 伝えるレシピ

44 言葉と言葉のつながりに気を配る

▼

列記するときは、言葉の性質を揃える

「この商品の特徴は、○○と△△と□□です」などのように、ものごとを列記する場合があります。この場合、○○と△△と□□に入る言葉は、名詞ならすべて名詞に、動詞ならすべて動詞に、というように、言葉の性質を揃えます。

伝わらない！

　本日の打ち合わせでは、スケジュールの調整、事前準備の確認、大まかな予算を組む予定です。

↓

伝わる！

　本日の打ち合わせでは、スケジュールの調整と事前準備の確認を行い、大まかな予算を組む予定です。

言葉の性質を揃える

　この例文では、「スケジュールの調整」「事前準備の確認」は名詞ですが、「大まかな予算を組む」だけは動詞で終わっており、言葉の性質が揃っていません。そこで、動詞で終わる句で揃えました。

伝わらない!

　この作業には、正確と迅速さが求められる。

↓

伝わる!

　この作業には、正確さと迅速さが求められる。

伝わらない!

　万一計画が中止されれば、関係者の迷惑だけでなく、会社の信用を落とし、社員の士気を低下させることになるだろう。

↓

伝わる!

　万一計画が中止されれば、関係者に迷惑をかけるだけでなく、会社の信用を落とし、社員の士気を低下させることになるだろう。

動詞で揃える

　元の文では、「関係者の迷惑」「会社の信用を落とす」「社員の士気を低下させる」という3つの要素が列記されています。「迷惑」は名詞、「落とす」「低下させる」は動詞を中心とした語句です。品詞が揃っていません。

　そこで、最初の要素を、動詞で終わるように書き換えました。

　あるいは、次のように名詞で揃える方法もあります。ただし、「の」が多くなってしまう欠点があります。

伝わる!

　万一計画が中止されれば、関係者のこうむる迷惑はもとより、会社の信用の下落、社員の士気の低下など、悪影響は計り知れないものがある。

名詞で揃える

　「サラダと卵とトーストを食べた」のように、名詞が列記される場合、すべての名詞は1つの述語に係ります。この場合、「サラダ」「卵」「トースト」は「食べた」に係っています。

　ところが、「トーストとコーヒーを飲んだ」のように、**名詞が述語にうまく係らない文を書いてしまうことがあります。**この場合、「トースト」は「飲んだ」には係りません。

次の文も、その例の1つです。

伝わらない!

　　子どもたちは、地域の人たちと交流することで、話す力、暮らしの知恵、礼儀などが学べます。

「暮らしの知恵」「礼儀」は「学べます」に係っていますが、「話す力を学べます」というのは変です（「力」は学ぶものではない）。名詞と述語がつながっていません。

　この例は、次のように書き換えることができます。

伝わる!

　　子どもたちは、地域の人たちと交流することで、話し方のコツ、暮らしの知恵、礼儀などが学べます。

または、次のようにも書けます。

伝わる!

　　子どもたちは、地域の人たちと交流することで、話す力、暮らしの知恵、礼儀などを身につけることができます。

重要度順！ 伝えるレシピ

45 言葉の見た目に気を配る

▼

漢字を多く
使いすぎない

パソコンで文章を書けば、漢字を楽に打ち出すことができます。そのせいもあるのか、ひらがなで書いたほうがよい言葉まで漢字で表記している文章をよく見かけます。漢字の多用には注意しましょう。

「電車」「往復」「高速」などのように、漢字が意味をもって使われる場合は漢字で表記します。一方、実質的な意味があまりない場合はひらがなで表記します。これが基本です。

伝わらない!

> 然し、部下に聞いた所では、此の資料は随分前に関係者に配られていた様だ。

↓

伝わる!

> しかし、部下に聞いたところでは、この資料はずいぶん前に関係者に配られていたようだ。

元の文は、内容は簡単なのに、見た目はひどくむずかしくなっ

150

ています。

ビジネスに用いる文章は、読み手にいかに負担なく読んでもらうか、という点にも配慮しなくてはなりません。

やたらに漢字が多い文は嫌われます。修正後は、印象がぐっとやわらかくなっています。

■ひらがなで表記したほうがよい主な語

《形式名詞》
…その語のもとの意味が薄れて、補助的・形式的に用いられる名詞。
　話をすること
　聞くところによると
　偉くなったものだ
　もう来るはずだ
　ご存じのとおり
　雨天のため
　なかったときは
　言ったわけだ
　それゆえ
　つもり
　そのうち
　あいだ

《補助動詞・補助形容詞》
…「て（で）」を伴って動詞・形容詞につく言葉。
　薄くなっていく
　持っている
　見ておく
　寒くなってくる
　やってみる
　来てほしい

《副詞》
　随分　　　→　ずいぶん
　恐らく　　→　おそらく
　多分　　　→　たぶん
　例え　　　→　たとえ
　敢えて　　→　あえて
　生憎　　　→　あいにく

《接続詞》
　及び　　　→　および
　或いは　　→　あるいは
　然し　　　→　しかし
　故に　　　→　ゆえに
　従って　　→　したがって
　又　　　　→　また
　尚　　　　→　なお
　並びに　　→　ならびに
　何故なら　→　なぜなら
　即ち　　　→　すなわち

《連体詞》
　或る（日）　→　ある（日）

《副助詞》
　程　　　　→　ほど
　位　　　　→　くらい（ぐらい）
　等　　　　→　など
　迄　　　　→　まで

重要度順！ 伝えるレシピ

46 見た目にも気を配る

▼

「！」「？」を安易に使わない

「！」（感嘆符）および「？」（疑問符）は、書き手の感情を強調して表すことができます。しかし、内容を伴わないまま、「！」「？」だけを連打する文章は、かえって敬遠されます。安易な使用は避けましょう。

伝わらない!

　一度体験してみれば、きっとギターの魅力に引きつけられるはずです！　さぁ！　この機会にあなたもギターを始めてみてはいかがでしょうか？

↓

伝わる!

　一度体験してみれば、きっとギターの魅力に引きつけられるはずです。この機会にあなたもギターを始めてみてはいかがでしょうか？

「！」を削る

　ギター教室の広告文です。元の文章は、書き手の熱意は伝わってきますが、受講希望者は「もっと落ち着いて教えてほしい」と思うかもしれません。2か所の「！」を削り、「さぁ」と誘う文句も消しました。最後の「？」は、この場合は残してもいいでしょう。

書き直した文章は、読み手を煽る感じはなくなりました。これにより、かえって安心感をもって読んでもらえるはずです。

伝わらない!

　先日ご依頼した表題の件ですが、その後いかがでしょうか？　だいたいの状況をお知らせいただければ幸いです。

仕事相手に進捗状況を尋ねるメールです。この場合の「？」は、いろいろな意味に解釈される余地があります。

書き手はやわらかい感じを出そうとしたのかもしれませんが、いら立って非難しているようにも読み取れます。**「？」は感情を強調するだけで、具体的にどんな気持ちで使っているかは表さないため、誤解の元になります。**

飯間先生のちょこっと講義

顔文字でも伝わらない?!

「！」「？」が最も効果を発揮するのは、何といっても、親しい間柄でのやりとりです。仲のいい人同士のメールで「よろしく！」「いいですか？」などと書くのはよくあることです。これらは、本書で扱う範囲から外れます。

　ただ、親しい間柄であっても、「！」「？」の意味が誤解されることはあります。楽しい気持ちで使っているのか、問い詰める気持ちなのか、うまく伝わらないことがあります。このことは頭に置いておくべきです。

　同様に、いわゆる顔文字や絵文字も、必ずしも気持ちをストレートに伝えられるとは限りません。本当に困っている人が〈たすけて〜(T_T)〉と顔文字入りのメールを送ったため、冗談だと思われてしまった、という話もあります。符号・記号に頼りすぎないことが大事です。

Part3　正確に伝わる言葉を選ぶ

重要度順！ 伝えるレシピ

47 その場にふさわしい敬語を使う
▼
敬語の基本を知る

敬語に自信がない、という人は多くいます。とは言え、ビジネスの場では、敬語を適切に使う能力が要求されます。
敬語は、基本さえわかっていれば、積極的に使っているうちに、自然に身についてきます。ここで基本を押さえておきましょう。

　最も大づかみに言えば、敬語には**「文体としての敬語」**と**「人物に対する敬語」**の2つがあります。
　まず、**「文体としての敬語」とは、要するに「です」「ます」という語尾（丁寧語）のことです。**これらの語尾は、書き手が自分の文章を丁寧にするために使います。
　丁寧語の「です」「ます」を語尾に使う文体を**「丁寧体」**と言います。これらを使わない文体を**「普通体」**と言います。

丁寧体	正確です。 正確でございます。	読みます。
普通体	正確だ。 正確である。	読む。

一方、「人物に対する敬語」とは、「尊敬語」と「謙譲語」のことです。

　尊敬語は、ごく簡単に言えば、相手側や第三者の行為を高めて表現する言葉です。

（例）

> では、おっしゃるとおりにしましょう。
> （「おっしゃる」＝「（相手・第三者が）言う」の尊敬語）

　謙譲語は、これも簡単に言えば、自分側の行為を低めて表現する言葉です。

（例）

> では、申し上げたとおりでよろしいですね。
> （「申し上げる」＝「（私が相手に）言う」の謙譲語）

　詳しくは次節以降で述べていきます。ここでは、ごく大ざっぱに、尊敬語は「お（ご）〜になる」の形、謙譲語は「お（ご）〜する」の形を取ることが多い、と覚えておいてください。

尊敬語	謙譲語
〈お〜になる〉 社長が お示しになる 社長が お取りになる	〈お〜する〉 私が（社長に）お示しする 私が（社長のために）お取りする
〈ご〜になる〉 社長が ご確認になる 社長が ご用意になる	〈ご〜する〉 私が（社長に対し）ご確認する 私が（社長のために）ご用意する

重要度順！ 伝えるレシピ

48 敬語を正しく使う

▼

尊敬語の
基本ルールを知る

前節で述べた「丁寧語・尊敬語・謙譲語」のうち、多くの人が
悩むのは、尊敬語と謙譲語の使い分けです。ここからは、この
2つについて、基本ルールを確認します。
まずは、尊敬語について見ていきましょう。

　前節で、尊敬語とは「相手側や第三者の行為を高めて表現する言
葉」と説明しました。厳密には、このほか、相手の名前や持ちもの
などを高める場合もあります。この2つについて、順に説明します。

◆相手側や第三者の行為・様子を高める

(1)「お（ご）〜になる」の形を使うのが、もっともきちんとし
た敬語です。

（例）

社長がお戻りになる	お客様がご乗車になる
大勢の方がご利用になる	どんな曲をお聴きになりますか

(2)「れる」「られる」の形を使うと、やや簡略な尊敬語になります。

（例）

社長が戻られる	お客様が乗車される
大勢の方が利用される	どんな曲を聴かれますか

　ただし、「れる」「られる」は、「人に話を聞かれる」のような
受け身の意味に誤解されやすいので、注意が必要です。

156

(3)「言う」「行く」など、少数の動詞に関しては、特別の動詞が尊敬語として用意されています。

（例）　社長がおっしゃる（←言う）

　　　　先生がいらっしゃる（←行く／来る／いる）

詳しくは160ページの表をご覧ください。

◆相手の名前や持ちものなどを高める

(1)相手の名前は、封筒の表書きや、メールの冒頭の宛名などでは、氏名に「様」をつけるのが一般的です。教職などにある相手には「先生」をつける場合もあります。

（例）　（封筒の表書きで）木村一郎様

　　　　（メール冒頭で）○○株式会社　営業部　鈴木（進一）様

　　　　　　　　××大学経済学部　佐藤和子先生

　口頭では、社長や部長に「木村社長」「田中部長」と呼びかけますが、宛名では「木村一郎様」でよく、「木村一郎社長」とは書きません。

(2)報告書など、客観的な文章で言及する人物には、肩書をつけたり、「氏」をつけたりします。

（例）　田中部長らが計画を進めた

　　　　○○株式会社営業部の鈴木進一氏より報告があった

(3)相手の持ちものや、相手側に属するものにも尊敬語を使います。

（例）　ご本　　ご自宅　　ご判断　　お手数ですが

　　　　お時間がおありでしたら

　　　　お父様　　お母様　　お嬢様　　教え子の学生さん

　　　　貴社（「御社」は口頭語）　　貴店　　貴校　　貴誌

157

重要度順！ 伝えるレシピ

49 敬語を正しく使う

▼

謙譲語の
基本ルールを知る

公園のシーソーは、自分が下がれば相手が上がります。このシーソーのように、自分側を低めることで、相手への敬意を表すのが謙譲語です。

　謙譲語は、自分側の行為を低めて表現する場合と、自分の名前や持ちものなどを謙遜して言う場合があります。

◆**自分側の行為**

(1)相手に対して行う行為は、**「お（ご）～する」** の形を使うのが基本です。

（例）	社長にお願いする　　　お客様をご案内する
	先生にご連絡する　　　お待たせして申しわけございません

(2)手紙などで丁重に言う場合は、**「お（ご）～いたします」「お（ご）～申し上げます」** の形を使います。

（例）	よろしくお願いいたします　　　ご案内いたします
	ご連絡申し上げます
	お待たせいたしまして申しわけございません

(3)「言う」「行く」など、少数の動詞に関しては、特別の動詞が謙譲語として用意されています。

> （例） 社長に申し上げる（←言う）
> お宅へ参ります／参上します（←行く）

詳しくは160ページの表をご覧ください。

◆自分の名前や持ちものなど

(1)今日の実用文では、自分の名前は「私」とするのが基本です。昔の手紙文では「小生」「小職」などもありましたが、やや古風です。

(2)報告書などの一般的なビジネス文書で自分に言及する場合は、「私」以外に「筆者」とするほか、「木村」のように名字を使うこともあります。

> （例） 筆者がこの業務に携わった頃は
> 実験は木村ほか3名が担当した

(3)自分の持ちものや、自分側に属するものにも謙譲語を使うことがあります。

> （例） 拙文（この文章）　　　拙宅（私の自宅）
> 弊社／小社（当社）　　弊店（当店）

「拙」「弊」「小」などはへりくだりすぎなので、それぞれ（　）内の語で言うほうが普通になってきました。

■尊敬語・謙譲語として使う特別の言葉

	尊敬語	謙譲語
会う	（お会いになる）	お目にかかる
（で）ある	（で）いらっしゃる	（で）ございます*
言う	おっしゃる	申し上げる
行く	いらっしゃる	参上する／参ります*
いる	いらっしゃる	おります*
思う	（お思いになる）	存じます*
聞く	（お聞きになる）	伺う
来る	いらっしゃる	参ります*
くれる	くださる	―
知っている	ご存じ	存じ上げている／ 存じている
する	なさいます*	いたします*
尋ねる／訪ねる	（お尋ねになる）	伺う／お伺いする
食べる／飲む	召し上がる／上がる	いただく
寝る	お休みになる	―
見せる	（お見せになる）	お目にかける
見る	ご覧になる	拝見する
もらう	（おもらいになる）	いただく
やる	（お与えになる）	さしあげる
だれ	どなた	―
人々	方々	―
一人	お一人／お一方	―
考え	（ご）高見	卑見
原稿	玉稿	拙稿
会社	貴社	弊社
店	貴店	弊店

注1・「*」をつけたものは「～ます」の形で使うのが普通。
注2・全体を（　　）で示したものは、一般的なパターンどおりの敬語。

Part3 正確に伝わる言葉を選ぶ

飯間先生のちょこっと講義

させていただく

　謙譲語はへりくだる気持ちを表現する言葉ですが、動詞によっては、謙譲語に当たる言い方がない場合もあります。

　料理人がお客さんのために料理を作るときは「お作りする」という謙譲語を使います。ところが、作家が読者のために小説を書くときは「お書きする」とは言えません。

　あるいは、懇親会の参加者を会場に「ご案内する」とは言えますが、人数が増えたために会場を「ご変更する」とは言えません。

　こういう場合は、「読者のために小説を書かせていただく」「会場を変更させていただく」のように、「（さ）せていただく」の形を使うとうまくいきます。この形を使えば、だいたいの動詞は謙譲語になります。

　もっとも、この形が使いやすいせいで、「させていただく」を乱用する人もいます。「お作りする」「ご案内する」と言えば十分なところを、「作らせていただく」「ご案内させていただく」という具合です。

「させていただく」は、ほかの言い方では謙譲語が作れない場合に限って使うといいでしょう。

161

重要度順！ 伝えるレシピ

50 敬語を正しく使う

▼

尊敬語・謙譲語を 使う相手を間違えない

尊敬語は相手側を高める、謙譲語は自分側を低める、という根本的な考え方を理解するのは、そうむずかしくないはずです。しかし、実際の場面では、どの敬語をだれに適用すればいいか、とっさに判断できず、間違ってしまうこともあります。

　　取引先からの電話に出て、自分の会社の上司のことを話すとき、つい尊敬語を使ってしまうことがあります。

伝わらない！

　　部長がお戻りになりましたら、ご連絡いたします。

「お戻りになる」は尊敬語です。自分が部長と話すときならば、当然、部長に尊敬語を使います。一方、**社外の人と話すときは、自分も部長も自分側の人間なので、尊敬語は抜いて話します。**

伝わる！

　　谷口が戻りましたら、ご連絡いたします。

　　　尊敬表現の「部長」をやめて、実名に

「部長」は、社内の肩書で、尊敬表現でもあるので、ここでは「谷口」と実名の呼び捨てにします。

162

同様に、自分の上司が取引先の相手に話すことを言うときは、「部長が**ご説明になりましたように**」（尊敬語）ではなく、「谷口から**ご説明いたしましたように**」（謙譲語）と言います。

伝わらない!

（お客様に）前田様でございますね。少々お待ちください。

「ございます」は自分側に使う言葉

　この例では、「前田様ですね」の「です」をより丁寧に言おうとして「でございます」に変えたようです。たしかに、「ございます」は丁寧語の1つです。ところが、**この言葉は普通「私は田中でございます」「明日は予定がございます」のように、自分の側に使います。謙譲語にかなり近い性質をもつ言葉です。**

　ここでは、尊敬語「でいらっしゃる」を使い、次のように言います。

伝わる!

（お客様に）前田様でいらっしゃいますね。少々お待ちください。

　同様に、相手の側の予定について尋ねる場合は、「予定がございますか」ではなく「予定がおありですか」と言います。

　相手のことに関して、尊敬語を使っているつもりで、謙譲語を使ってしまうこともあります。

　たとえば、「先生がお勧めしてくださった本は、〜」の「お勧めする」は自分の側に使う謙譲語です。相手が自分にしてくれることを言う場合は、尊敬語を使い、「先生がお勧めくださった」とします。

重要度順！ 伝えるレシピ

51 敬語を正しく使う

▼

二重敬語に注意する

敬語を不必要に2つ重ねた言い方を「二重敬語」といいます。「丁寧な書き方をしなければ」と意識しすぎると、ついこの言い方になります。丁寧すぎてかえって無礼になる「慇懃無礼」と受け取られるおそれもあるので、注意しましょう。

伝わらない!

先生はつねづね、情報源を確認する大切さをおっしゃられていた。

二重敬語になっている

↓

伝わる!

先生はつねづね、情報源を確認する大切さをおっしゃっていた。

「おっしゃる」は「言う」の尊敬語、助動詞「られる」も尊敬語なので、元の文の「おっしゃられて」は**二重敬語**になっています。
この場合は、「られる」を削ります。

伝わらない!

もしお疲れなら、少しお休みになられてはいかがでしょうか。

二重敬語になっている

↓

伝わる!

　もしお疲れなら、少しお休みになってはいかがでしょうか。

　元の文の「お休みになられて」は、「お～になる」と「られる」の2つの尊敬語が入っています。やはり「られる」を削りましょう。

伝わらない!

　こちらでお召し上がりになられますか。

これは三重敬語

　この場合は、「召し上がる」という尊敬語に、さらに尊敬語「お～になる」「られる」がつき、**三重敬語**になっています。

　ここは、敬語を減らし、「召し上がりますか」で十分なところです。ただし、今日では敬意が足りないと感じる人が多くなったため、接客業では「お召し上がりになる」の形が標準になってきています。

伝わる!

　・こちらで召し上がりますか。
　・こちらでお召し上がりになりますか。

　このほか、複数の人に宛てた書面で目にすることのある「各位様」「各位殿」は、「各位」がすでに尊敬語なので、二重敬語です。

Part 4

文章全体を
チェックする！

実用文の読み手は、できるだけ短時間で要点をつかみたいと思っています。実用文では、余計な部分はできる限り削るようにします。本章では、文章のどこを削るべきなのかを確認していきます。
また、文章全体をよりわかりやすくつくるためのコツも紹介します。

重要度順！伝えるレシピ

52 文章全体をすっきりさせる！

▼

回りくどい表現は避ける

好意を持つ相手に、「私はあなたに、友達に抱く感情とは別のものを感じています」と回りくどく言うよりも、「好きです」と簡潔に言ったほうがよく伝わります（相手のその後の反応はともかくとして）。
実用文も同じで、回りくどい表現は避けるべきです。書き手の伝えたい情報や意見が、読み手に確実に伝わる文章にしましょう。

　次の文では、情報をオープンにすることが「どうなるのか」の部分が、回りくどい表現になっています。

伝わらない！

　情報をオープンにすることが、安全安心の基本であるというふうにお客様からは見られるようになってきていると思われる。

回りくどい

↓

伝わる！

　情報をオープンにすることが、お客様の安全安心につながる。

　このように率直な表現にすべきです。根拠があって述べているならば、「思われる」も不要です。

168

伝わらない!

　マニュアルを作っただけで満足してしまったと言われても
しかたがない面があった。

↑ 回りくどい

↓

伝わる!

　マニュアルを作っただけで満足し、教育を徹底しなかった。

次の文は、あるレポートの一部分です。

伝わらない!

　いったん非正規雇用労働者になると、なかなか正社員に戻
れないという問題がある。私はこの問題の原因を、会社組織
の体制が原因とし、非正規雇用労働者は潜在能力があっても
それを活かす機会を与えられずいつまでも低所得のままとい
った労働格差が生じていると考え、その問題は解決する必要
があると考える。

↓

伝わる!

　いったん非正規雇用労働者になると、なかなか正社員に戻
れない。潜在能力があってもそれを活かす機会を与えられず、
正社員との所得格差も解消しない。原因は会社組織の体制に
あり、改革する必要がある。

　レポートは筆者の見解を示すものなので、「私は～と考える」
といったフレーズも不要です。

Part4 文章全体をチェックする!

169

重要度順！ 伝えるレシピ

53 文章全体をすっきりさせる！
▼

事実をすべて
再現する必要はない

報告書などで、書き手の見聞きした事実をすべて再現しようとして、かえって大事なポイントが伝わりにくくなっている場合があります。伝えるべきポイントはどこかを見極め、関係ない部分は省きましょう。

　東京から岐阜に行く経路を説明する場合を考えてみます。

　重要なポイントは、「東京から新幹線に乗ること」「名古屋で特急に乗り換えること」「終点が岐阜であること」です。その間のこと、たとえば新幹線が品川や新横浜に停まることは、省いてもかまいません。

　報告書などで事実を伝えるためには、一部始終をノーカットで再現する必要はありません。目的に応じて編集しましょう。

　以下は、ある病院での報告書です。

重要でない情報

伝わらない！

　４月６日の午後、会議から戻ってくると、受付の鈴木さんより、患者の田中幸枝さんから電話があり、お薬手帳を受け取らずに帰ってしまったとの報告を受けました。鈴木さんと一緒に受付や診察室を探しましたが、見つかりませんでした。

前後に受診した患者さんに間違って渡していないかと考え、電話で確認したところ、前の順番の中井弘子さんに渡していたことがわかりました。

この文章のうち、「会議から戻ってきたこと」「受付の鈴木さんが電話を取り次いだこと」は、報告すべき重要な情報ではありません。
また、「前後に受診した患者さんに間違って渡していないかと考え」という部分も、説明しなくてもわかるでしょう。
次のように直すと、すっきりします。

伝わる！
　４月６日午後、患者の田中幸枝さんから「お薬手帳を受け取らずに帰ってしまった」との電話。受付の鈴木さんと受付や診察室を探したが見つからず。前後に受診した患者さんに電話で確認したところ、前の順番の中井弘子さんに渡していたと判明。

報告書などでは、次のように箇条書きにすると一層わかりやすくなります。

伝わる！
《状況》４月６日午後、患者の田中幸枝さんから「お薬手帳を受け取らずに帰ってしまった」との電話。
《対応》受付の鈴木さんと受付や診察室を探したが見つからず。前後に受診した患者さんに電話で確認したところ、前の順番の中井弘子さんに渡していたと判明。
《反省点》……

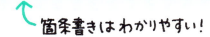
箇条書きはわかりやすい！

重要度順！伝えるレシピ

54 文章全体をすっきりさせる！

▼

余計な前置きは入れない

文章を書き始めようとするとき、「うまく書けそうにないな、困ったな」「何を書いたらよいのだろう？」などと思い迷うことがあります。そして、いざ文章にするとき、その「思い」から書き始める人がいます。多くの場合、それは余計な前置きです。

　会話であれば、本筋に関係のない天気の話などから入ることもあります。取引先の担当者と会っていきなり「見積もりの件ですが」と切り出すのは、かえって失礼です。

　一方、**実用文の読み手は、だれでも、できるだけ短時間でその文章を読み、内容を理解したいと思っています。余計な前置きは迷惑です。**

　冒頭の挨拶など、必要最小限の前置きが必要な場合もありますが、以下のような前置きは無意味です。思い切って削除しましょう。

伝わらない！

余計な前置き

　セミナーで学んだことはA4用紙1枚には書ききれないほどあるので、なかなかまとめられませんでしたが、私なりに精いっぱい、重要な点を取り出してみました。以下が特に重要な点です。

↓

伝わる!

　今回のセミナーで特に重要と感じられたのは以下の点です。

伝わらない!

「看護師から見た小児科の問題点」という課題を急に与えられ、たいへん困っている。

　急に課題を与えられ「文章を書け」と言われたら、だれだって困ります。しかし、それを文にしても何の意味もありません。
　迷わず、本題から入りましょう。

伝わらない!

　今日こうして経緯を文章にしたのは、口頭で語ったのでは、私の説明力不足で誤解を招く恐れがあるからです。また、文章にしたほうが皆さんの時間を無駄にせずにすむからでもあります。

　この例文は、すべてカットしたほうがよいものです。

　ビジネスのメールや手紙を書くときにも、長い前置きはよくありません。
　唐突に要件を切り出すのが失礼なのは、会話の場合と同じですが、前置きは手短にまとめます。読み手は早く要件を知りたいと思っています。
　しばらくご無沙汰した場合には、季節の挨拶などを入れることもありますが、それも長々と述べる必要はありません。
「寒くなってまいりましたが、いかがお過ごしでしょうか。
　さて……」
　と、すぐに本文に入るのが、実用文の流儀です。

重要度順！伝えるレシピ

55 伝わる文章を書く

▼

まずは「絶対伝える べき1文」を考える

執筆にあたっては、まず「絶対伝えるべき1文」を考えましょう。そこに肉づけをしていきます。書きたいことが次々と湧いてくることがありますが、この1文につながらない要素は削り、また別の機会に譲ることにします。

　文章を書くとき、「あのことにも触れよう、このことにも言及しよう」と、考えが次々に湧いてくることがあります。それらをすべて盛り込むと、結局、何が言いたいのかわからない文章になります。

　実用的な文章を書く目的は、突きつめていけば、**「たった1つの伝えたい内容」を伝えること**です。逆に言えば、伝えたいことが1つに集約された文章は、すぐれた実用文の条件を備えています。

　取引先の会社に、新しい案件についての打ち合わせを希望するメールを送る場合を考えましょう。「絶対伝えるべき」なのは次の1文です。

「依頼内容についてご説明したいので、ご都合をお聞かせください」

　ここに、以下の要素を肉付けしていきます。

174

- **「情報」に関する要素**　新しい案件の内容、貴社に協力をお願いしたいことは何か、いつ頃お会いしたいのかなど。
- **「相手への配慮」の要素**　先日のお礼、お忙しいときにお願いすることへのお詫び、再び仕事ができることへの期待など。

　㈱岸田デザイン

　岸田隆介様

　お世話になっております。先日の展示会では、ご協力まことにありがとうございました。

　さて、その折にもお話しいたしましたが、当社の○○シリーズは、このほど一般ユーザーの方のご利用を想定した廉価版を出すことになりました。現時点でのプランについては添付ファイルをご覧ください。

　つきましては、今回も、商品の全体的なデザインをお願いできればありがたく存じます。

　まずは、詳しいご説明を申し上げたく、ご都合をお伺いいたします。

　こちらの勝手な希望を申しますと、今月下旬あたりにお目にかかれればと存じますが、いかがでしょうか。

　ご多忙中たいへん恐縮ですが、ご返事いただければ幸いです。

　またご一緒にお仕事ができますことを期待いたしております。何とぞよろしくお願い申し上げます。

絶対に伝えるべき部分

　下線部が、最初に考えた「絶対伝えるべき1文」に基づいた部分です。このメールでは、相手の返事をもらうことが目的なので、

「ご都合をお伺いいたします」「ご返事いただければ幸いです」と繰り返して念を押しています。

　文章全体が、この部分を中心として組み立てられています。

　次の文は、商品の広告です。

伝わる!

> 足のむくみは働く女性の悩み。仕事が忙しく、美脚のためのケアをする時間的余裕がない人が多いのも事実です。
> そこで、○○の着圧ハイソックスをお勧め。適度な圧力で脚をスッキリと見せ、あなたの美脚をサポートします。
> 　おしゃれなニュアンスカラー4色から選べます。TPOに合わせてコーディネートしてみては？

絶対に伝えるべき部分

　この文章で「絶対伝えるべき1文」は、まずは「○○の着圧ハイソックスをお勧め」です。この1文がなければ、何のための文章かがわかりません。

　この商品のターゲットは、特に働く女性です。そこで、「脚のむくみは働く女性の悩み」の部分も「絶対に伝えるべき1文」です。

　さらに、「ではなぜこの商品を勧めるのか」を肉づけしていきます。この商品では、「適度な圧力で脚をスッキリ見せる」「ニュアンスカラー4色から選べる」というポイントが重要です。

　文章を書いているうちに、内容がスライドしていき、何を書き

たかったのかわからなくなることがあります。そんなときも、「絶対に伝えるべき1文」が明確であれば、そこに戻ることができ、再び書き進められるようになります。

重要度順！ 伝えるレシピ

56 伝わる文章を書く

▼

文章には型があることを知る

書くべき内容はおおよそ決まっているのに、なぜか書き出せない、ということがあります。それは、文章の「型」をつかんでいないからです。ビジネスで書く文章にはいろいろなバリエーションがありますが、多くの実用文に共通する「型」があります。

　実用文を書く際、まずは、「問題」「結論」「理由」の3点を押さえます。

[**問題**]　この文章で読み手に考えてほしいこと。「イエスかノーか」「どうすべきか」「何を選ぶべきか」など、クイズの形（疑問形）で言えるもの。

[**結論**]　問題に対する答え。クイズのアンサー。「ノーである」「○○すればよい」「△△を選ぶべきだ」など。

[**理由**]　どうしてその結論になるのか。「なぜなら、○○というメリットがあるから」のように「なぜなら～から」の形で示す。

　さらに、この前後に、「現状分析」「理由を支える証拠」「想定される反論」などを加えていきます。

　次の文章は、車のメーカーの社員が、車体の軽量化について書いたものです。

自動車のCO_2排出量を低減する方法として、車体の軽量化に注目が集まっている。[現状分析]

　では、車体を軽くするにはどうすればよいか。[問題]

　新素材△△を用いればよい。[結論]

　なぜなら、この素材は軽量であると同時に強度を保つことができるという大きなメリットがあるからだ。[理由]

　実験によれば……という結果が得られ、この素材の優位性が確認された。[理由を支える証拠]

　新素材は価格が高いという反論が想定される。しかし、素材の特性から今後の普及が見込まれ、価格は下がっていくと考えられる。[想定される反論]

　車体軽量化のためには、新素材△△を用いることが、最も望ましい。[結論の確認]

　この型に従って書けば、文章の展開をわかりやすくすることができます。この型は論理展開の基本です。

　文章の型として有名なものに「起承転結」があります。しかし、これはもともと漢詩を作るときの作法で、実用文には向きません。「起承転結」の「転」はそれまでの内容をひっくり返したり、否定したりして、読み手に意外性や新鮮さを伝え「結」へとつなぎます。小説や漫画などの創作ならば、こうした展開は効果的です。

　一方、ビジネスの場では、後にひっくり返すような内容は、そもそも書くべきではありません。文章の冒頭近くで、「問題」「結論」「理由」の3要素をすべて読み手に明らかにし、後はその妥当性を論じていくようにします。

179

重要度順！ 伝えるレシピ

57 伝わる文章を書く

▼

箇条書きにする

文章の中で特に注意をうながしたい部分は、箇条書きの形にまとめるのが効果的です。大切な部分と、それ以外の部分とをひと続きの文章で書いてしまうと、大切な部分が埋没し、読み手の注意を引くことができません。

　読み手は、あなたの文章をいつも細部までじっくり読んでくれるとは限りません。斜め読みですませようという人も少なくないはずです。

　そんな読み手に、伝えるべきことを伝えなければならないのですから、**読んでもらうための工夫が必要です。**

　次の2つの文章（A・B）の見た目に注目してください。どちらのほうが早く内容を把握できるでしょうか。

　A　現在のデリカ部には改善すべき点があると考えています。
　まず、売り場のレジの場所が適切でない、ということです。お会計待ちのお客様が多いときは、列が陳列棚まで延びてしまうので、棚の前をふさいでしまいます。
　また、特に天気の悪い日は、破棄が多いこと。天候によって発注量を変えるなどの工夫が必要ではないでしょうか。
　さらに、中央の棚、特に中央の部分は商品が取りにくく、背の届かないお客様はたいへんそうです。

🌟伝わる!🌟

B 現在のデリカ部には、改善すべき点が3つあります。

1. 売り場のレジの場所が適切でない

　お会計待ちのお客様が多いときは、列が陳列棚まで延びて、棚の前をふさいでしまう。

2. 天気の悪い日は破棄が多い

　天候によって発注量を変えるなどの工夫が必要。

3. 商品を取りにくい棚がある

　中央の棚、特に中央の部分は商品が取りにくく、背の届かないお客様はたいへんそう。

　元の文章も、項目ごとに段落に分け、「まず」「また」「さらに」といった接続詞をつけています。これも一種の箇条書き的な効果を生みます。この点は工夫されています。

　一方、書き直した文章は、さらに視覚的にわかりやすくなっています。「1」「2」「3」のナンバリングや、字下げ、「売り場のレジの場所が適切でない」といった見出しによって、情報をぱっと簡単に把握することができます。

次の例文は、社内報に掲載された自己紹介文です。

> 　4月から営業部に異動になった新星太郎と申します。
> 　特技はテニスで、毎週末、練習を欠かしません。趣味は映画鑑賞です。妻、小学3年生の娘と小学1年生の息子の4人家族です。
> 　これまでの販売部での経験を生かし、結果につなげたいと考えています。どうぞよろしくお願いいたします。

↓

伝わる！

> 　4月から営業部に異動になった新星太郎と申します。私の「基本データ」はこんな感じです。
> 《特技》テニス。毎週末、練習を欠かしません。
> 《趣味》映画鑑賞
> 《家族》妻、小学3年生の娘と小学1年生の息子の4人家族。
> 　これまでの販売部での経験を生かし、結果につなげたいと考えています。どうぞよろしくお願いいたします。

　前者の書き方が悪いわけではありませんが、後者のように《特技》《趣味》《家族》などの端的な見出しをつけて箇条書きにすると、読み手の負担がぐっと少なくなります。

■ メモでの仕事依頼をする場合

鈴木さん

　おはようございます。
　○月○日〜○日、大阪支社への出張が決まりました。出張の手配をお願いします。今回は飛行機ではなく、往復新幹線でお願いします。
　また、○時にA社の営業部と打ち合わせがあります。先方は5人の予定です。ファイルBの資料のコピーを10部とっておいてください。
　来週のC社との打ち合わせ、アポ取りもお願いします。また、打ち合わせまでにC社に見本の発送をしておいてください。

効率とやる気、共にアップするのはどっち？

鈴木さん

おはようございます。
本日お願いしたいのは、以下の4つです。

・○月○日〜○日　大阪支社への出張手配（今回は往復新幹線で）
・ファイルBの資料を10部コピー
　（○時のA社営業部との打ち合わせで使用。先方は5名）
・来週のC社との打ち合わせアポ取り
・C社との打ち合わせまでに、見本をC社に発送

よろしくお願いします！

重要度順！ 伝えるレシピ

58 伝わる文章を書く
▼
「ポイントは3つ」の
スタイルを活用する

前節の箇条書きの説明の中で、「改善すべき点が3つあります」というフレーズが出てきました。このように、最初に「ポイントは3つ」と提示する方法は、箇条書きでないふつうの文章の中でも有効です。

文章の素材がうまく整理できないとき、まずは「ポイントは3つ」というスタイルに当てはめてみる方法もあります。

転職活動をする際に大事なことは3つあります。

1つめは、これまでの仕事の棚卸しです。これまで自分はどんな環境でどんな仕事をしてきたか、どんな成果を出してきたかを具体的に書き出します。

2つめは、情報収集です。自分に合った会社を探すためにも、無駄な転職を繰り返さないようにするためにも、情報収集は重要です。

3つめは、転職先を探すためのツール選びを間違わないことです。

話の方向がどちらに進むのかがわかりにくい文章は、読み手をイライラさせます。**この文章が何について書かれているのか、どちらの方向へ行くのかを、読み手はいち早く知りたいと思っています。**

　この読み手の欲求にこたえるのが、「ポイントは3つ」のスタイルです。
「提案理由は次の3つです」「メリットは3つあります」。このように最初に書かれていれば、読み手は読む前から話の方向がわかり、安心して読み進められます。

　ポイントは「4つ」や「5つ」などの場合もありえますが、あまりポイントが多いと、読み手の記憶には残りません。「仕事ができる人の特徴は10あります」と言われても、読み手がその10項目を覚えておくのはたいへんです。ポイントは絞ることが必要です。
　たくさんのポイントがあると思った場合、それに優先順位をつけて、優先度が低いものは除外します。さらに、似たものをまとめていけば、うまく3つほどに絞られるものです。
　ポイントを3つよりも少なく絞ることができれば、なお結構です。ポイントが1つの場合は「大事なポイントは、要するにこれだけです」と強調して示します。

　セールスレターなどで商品の特長を説明する場合、すべてのポイントを載せたいと思うかもしれません。**しかし、そこをあえて「セールスポイントは次の3つです」と絞り込むほうが、読み手の印象に強く残ります。**

重要度順！伝えるレシピ

59　伝わる文章を書く

▼

具体的に書く

伝わる文章にするためには、常に「具体的に書こう」とする姿勢が必要です。
実用文は、具体的な目的のために書く文章です。書き手だけがわかったつもりで書くと、文章は抽象的な方向に傾いていきます。必要な情報を十分に入れて、具体的に書くようにしましょう。

次の例は、商品を1行で説明した文です。

伝わらない!

　　このタブレット端末は、たいへん便利です。

　文法的には正しく、意味も通じます。しかし、この文は具体的な情報を何も伝えていません。
　タブレット端末が便利なことは周知の事実です。そこをあえて「便利です」というのだから、従来のものにはなかった特長があるのでしょう。でも、それについては具体的に書かれていません。何がどんなふうに便利なのかがわからない、抽象的な説明です。
　そこで、**読み手の判断材料になる事実を示して書き換えます。**
「たいへん便利」というなら、その根拠が必要です。

186

伝わる!

　さらに軽くなったタブレット端末。

　重量は従来品の3分の2で、片手で楽に持てます。カメラの性能がアップし、高精細の写真が手軽に撮影できます。クラウド機能も充実し、他の端末と簡単にデータを同期できます。

「便利」の内容を、「軽量」という点を中心にまとめました。数字を示すなど、表現も具体的にしました。

　就職試験や昇進試験などで、自分のリーダーシップをアピールしようとして、次のように書く人がいます。

伝わらない!

　私には、リーダーシップがあります。

　読み手にしてみると、「リーダーシップがあります」と漠然と言われるだけでは、にわかには信じられません。

　そこで、リーダーシップを証明する具体的な根拠を示します。たとえば、プロジェクトを成功させた経験、率先して社内改革に携わった経験など。どのような場面で、どのように行動し、どのような成果をあげたか、という事実を書きます。

　具体的な事実を示せば、あえて「リーダーシップがあります」と書く必要はありません。示された内容から、読み手はその人の長所を読み取ります。

次の例文は、転職を希望している人が、入社希望の会社に向けて書いた「自己PR文」の一部です。

伝わる!

> 　法人営業部（部下12名）のマネージメントに従事している。
> 　部下が停滞している案件を抱えているときには、顧客先に同行し、契約に至らない原因を探った。原因が判明したときには、原因と対応策を部下に伝えた。契約が成功した際には、部下の成績として自信を持たせるようにしている。
> 　今年度の法人営業部全体の新規契約数は、11月現在で約150件（前年度は、約130件）を達成している。

　この文章には、「リーダーシップがあります」「マネージメント能力があります」など、ダイレクトに自己PRする表現はありません。しかし、部下に対する普段の行動、またその成果が具体的に示されているので、この書き手にはリーダーシップやマネージメント能力があることが伝わってきます。

　自分が書いた文章が具体的になっているかどうかを確かめるためには、一晩置いてから読み直すことをお勧めします。他人の目で読んでみて、具体的なイメージが頭に浮かんでくるでしょうか。ありありと浮かばないようであれば、情報を書き足すことが必要です。
　一晩置いて読み直すことは推敲の基本です。時間を置いて読むと、具体性の問題以外にも、さまざまな問題が明らかになります。

Part4 文章全体をチェックする！

重要度順！ 伝えるレシピ

60 伝わる文章を書く

▼

文章の見た目に
気を配る

文章は「見た目」も意外に重要です。ぱっと見た字面の印象が
よければ、読み手は「読んでみよう」という気になります。漢
字がぎっしり詰まった文章では、そのまま永遠に読まれない、
などということも起きます。

　文章の見た目をよくするために、次の点に気を配りましょう。

■全体の文字量と余白のバランスに気をつける

　文字がびっしりと詰まった黒々とした紙面より、ある程度ゆと
りのある紙面のほうが、人は「読もう」という気になります。漢
字と仮名のバランスや、字間・行間にも気を配りましょう。

■タイトルをつける

「打ち合わせのご相談」「契約について」など、文章のメインタ
イトルを必ず入れます。タイトルは、その文章が何について書か
れたかをひと目でわからせる大事な一行です。

■小見出しをつける

　節の初めに出す小見出しは、文字の書体・大きさ・太さなどを
本文とは変えて、目立つように工夫します。

■段落をつける

　本文は、論が一段階進むごとに改行して、段落を設けます。段
落の初めは1字下げます。

■実用文は、見た目も大事

○○年○月○日

関係各位

製品展示会開催のご案内

タイトルをつける

拝啓　貴社ますますご盛栄のこととお喜び申し上げます。

　平素より格別のご愛顧を賜り、誠にありがとうございます。

　さて、弊社では、このたび下記のとおり製品展示会を開催することになりました。

　今回の展示会では、かねてより開発を進めておりました新製品○○を含め、弊社の全商品を展示しております。

　ご多忙のところ誠に恐縮に存じますが、ぜひご来臨の上ご高覧いただきたく、ご案内申し上げます。　　　　　敬具

段落をつける

記

全体の文字量と余白のバランスに気を配る

日時　○○年○月○日　○時～○時

場所　弊社本社ショールーム

　　　東京都○○区○○○丁目○番

電話　○○（○○○○）○○○○

小見出し等をつける

飯間浩明 いいま・ひろあき

日本語学者・国語辞典編纂者
1967年、香川県高松市生まれ。早稲田大学第一文学部卒。同大学院博士課程単位取得。
現在、『三省堂国語辞典』編集委員。
国語辞典の編纂を続けるかたわら、大学生や社会人に対し、クイズやディベートなどを取
り入れた独自の文章指導を十数年にわたって続けている。NHK Eテレ「使える！伝わる
にほんご」講師を務めるなど、放送による日本語・国語教育番組にも長くたずさわる。
著書に『非論理的な人のための 論理的な文章の書き方入門』（ディスカヴァー携書）、『伝
わる文章の書き方教室』（ちくまプリマー新書）、『辞書を編む』『小説の言葉尻をとらえて
みた』（以上、光文社新書）など。
ツイッター：@IIMA_Hiroaki

山田由佳 やまだ・ゆか

フリーランスライター
1968年、東京都生まれ。日本大学芸術学部文芸学科卒。
ビジネス書、実用書を中心に執筆。手掛けた作品にはベストセラーも多い。どんなテーマ
の原稿も「わかりやすく、おもしろく」、そして「読者の心に引っ掛かる」ものにするこ
とをめざしている。
著書に『精神分析ってなんだろう？』（日本実業出版社）など。

本書の内容に関するお問い合わせは、**書名、発行年月日、該当ページを明記の上**、書面、FAX、お
問い合わせフォームにて、当社編集部宛にお送りください。**電話によるお問い合わせはお受けしてお
りません。**また、本書の範囲を超えるご質問等にもお答えできませんので、あらかじめご了承ください。

　FAX：03-3831-0902
　お問い合わせフォーム：http://www.shin-sei.co.jp/np/contact-form3.html

落丁・乱丁のあった場合は、送料当社負担でお取替えいたします。当社営業部宛にお送りください。
本書の複写、複製を希望される場合は、そのつど事前に、出版者著作権管理機構（電話：
03-3513-6969、FAX：03-3513-6979、e-mail：info@jcopy.or.jp）の許諾を得てください。
JCOPY ＜出版者著作権管理機構 委託出版物＞

サクっと書けちゃう！ 文章レシピ60

2018年10月15日　初版発行

著　者	飯間浩明／山田由佳
発行者	富　永　靖　弘
印刷所	公和印刷株式会社

発行所　東京都台東区　株式　**新星出版社**
　　　　台東2丁目24　会社
　　　　〒110-0016　☎03(3831)0743

© Hiroaki Iima, Yuka Yamada 2015, 2018　　Printed in Japan

ISBN978-4-405-10323-8